Realizzato da

NiktorTheNat

http://imparagratis.com

Libro originale realizzato nel maggio 2017

Copertina e testi di NiktorTheNat

I marchi commerciali citati nel presente libro, sono tutti dei rispettivi proprietari.

I loghi eventualmente visibili in questo libro, sono tutti dei rispettivi proprietari.

PREMESSA GENERALE

NO! Non è un libro scritto da un programmatore informatico.

NO! Non è un libro scritto da un professore.

Ma allora, che cos'è?

Questo è il libro scritto da un utente come tanti, che ha solo una forte passione per l'informatica in genere e per la programmazione di computer e dispositivi elettronici.

A volte, ma solo qualche volta, un semplice utente riesce a far capire cose che un professionista non riesce, perché magari salta passaggi e spiegazioni per lui scontate.

PREMESSA

Questo libro può essere considerato il seguito del libro dal titolo "Il mio modo di spiegare il linguaggio...Python", che ha riscontrato buone critiche.

Come si sa, le critiche aiutano a migliorarsi e riceverle, permettono di capire che si può proseguire nel proprio intento di diffondere conoscenze informatiche, che ognuno di noi dovrebbe apprendere per vivere, in modo più tranquillo e preparato, il mondo tecnologico che ci circonda.

Il linguaggio Python lo considero uno dei linguaggi di programmazione più semplici ed intuitivi anche per un profano. Infatti, il Python, usa termini, in inglese, con cui sembra di parlare al computer, senza forzaci ad entrare in concetti complessi e noiosi.

Pur essendo un linguaggio semplice, lo dobbiamo considerare anche un linguaggio potente, perché ci permette di realizzare qualsiasi cosa, da pagine Web, a programmi per desktop (cioè programmi per computer), ma anche programmi per smartphone, e tutto il mondo mobile (va letto "mobàil", e si riferisce a tutti i dispositivi non statici, come tablet, smartphone, ecc...).

Inoltre è un linguaggio ampiamente usato da grosse aziende e società come Google, la NASA, e tanti altri che hanno apprezzato, nella sua semplicità, una maggior velocità di produzione.

In questo libro non troverete spiegazioni tecniche, con termini difficili e incomprensibili, ma userò un linguaggio molto informale, quasi da amico ad amico, in modo da rendere più semplice capire i vari concetti che incontreremo.

Inoltre non sarà un libro con indice argomenti e cose simili, tipiche del libro, ma piuttosto sarà un dialogo scorrevole, che procederà per argomenti e concetti, sicuro che farà incuriosire il lettore, passo dopo passo, testando le varie spiegazioni che incontrerà man mano che si procederà verso la fine del libro.

INIZIAMO!!!

Per usare gli esempi proposti in questo libro sarà necessario, per voi, scaricare la versione 3.x di Python.

Cosa intendo per Python 3.x?

Intanto la lettera **x** va sostituita con un numero di versione qualsiasi.

Come forse saprete già, un software solitamente è seguito da un numero diviso da dei punti, ad esempio:

python 2.7.13

dove il numero **2** equivale al numero di versione, mentre il numero **7** equivale al numero di revisione e il numero **13** alla "release".

Dato che con Python si creano programmi, ne approfitto per spiegare cosa succede quando creeremo programmi e quindi come dovremo gestire la numerazione delle varie versioni, perché sicuramente, nel tempo, lo miglioreremo. Ecco come possiamo procedere.

Ipotizziamo di creare un software che funzionerà come archivio libri, con un menu principale in cui si può scegliere se inserire dei libri, o cercarli.

Quando inizieremo a scrivere questo software, magari scriveremo solo la schermata dove c'è il menu, ma che però ancora non funziona.

Quando salviamo questa prima parte del progetto, potremo chiamare il software, **biblioteca 0.0.1**, perché non è ancora un versione di software stabile e funzionante, dato che il menu esiste ma non funziona ancora.

Poi qualche giorno dopo, scriveremo il codice per far inserire libri nel database. Salveremo tutto, ed ecco che potremo chiamare il software **biblioteca 0.0.2**.

Andando avanti a scrivere il software, arriveremo magari completarlo con l'aggiunta della funzionalità di ricerca dei libri. Ecco il software è funzionante, e prenderà il nome di **biblioteca 0.0.3**, proprio perché abbiamo aggiunto anche le altre istruzioni.

Ora però non possiamo distribuire il software a tutti, perché magari ha qualche bug, qualche malfunzionamento. Allora è opportuno distribuire il software a qualche amico, in modo da farlo provare e vedere cosa ci dicono, in base all'utilizzo.

Qualcuno vi dirà che il software funziona bene, ma magari qualcuno vi dice che sarebbe opportuno inserire un pulsante per uscire dal software. Ecco che allora aggiungeremo anche questa istruzione, e il software si chiamerà **biblioteca 0.0.4**.

Dopo un periodo di prova, visto che il software funziona, decidete di distribuirlo a tutti, di renderlo pubblico. Ecco che il software potrà anche prendere il nome di **biblioteca 1.0.4,** perché è la prima versione funzionante del software.

Ma quando lo distribuite in modo pubblico, magari vi accorgete che alcuni utenti lo apprezzerebbero di più se ci fosse anche un menu in lingua inglese ed in spagnolo.

Voi vi mettete al lavoro ed aggiungete le istruzioni tradotte in quelle lingue. Ecco che il software potrà prendere il nome **biblioteca 1.1.4.**
Abbiamo aggiunto il numero **1** che indica la "revisione", e non abbiamo invece aggiunto il numero **5** alla "release". Lo

abbiamo fatto, perché effettivamente non abbiamo aggiunto nuove istruzioni al programma, che difatti può sempre e solo inserire e cercare libri, ma abbiamo solo aggiunto la traduzione del menu in altre due lingue, quindi è corretto aggiungere una unità alla "revisione" del software, perché è come revisionare un'automobile, insomma, fare un restyling, in cui l'automobile è sempre la stessa, ma un po' più bellina esteticamente.

Più avanti magari correggerete il tipo di font usato nel menu, e magari anche l'aggiunta di un logo. Ecco che anche in questo caso non avete migliorato il programma, che farà sempre le cose che già faceva, ma lo avete "revisionato", cioè aggiustato. Ecco che il software prenderà il nome di **biblioteca 1.2.4**.

Finalmente un giorno riuscirete a rendere il software utilizzabile tramite badge (scheda elettronica) con cui l'utente può verificare i libri già acquistati e che magari vengono acquistati prendendo il denaro dal proprio conto PayPal. Queste nuove funzionalità rendono il software decisamente diverso da quello di come era nato, e così potrete dare come nome al software **biblioteca 2.2.4.**

Mi sono dilungato un po' in questa spiegazione, così potete capire meglio come gestire le denominazioni dei vostri software e capire quelli già esistenti.

Nel mio primo libro "Il mio modo di spiegare il linguaggio...Python", abbiamo scoperto le basi di questo straordinario linguaggio di programmazione, ora possiamo passare ad un livello successivo.

Quello che avrete notato usando il linguaggio Python, è che è un linguaggio testuale e non visuale.

Per linguaggio testuale, si intende un linguaggio di programmazione, le cui istruzioni vanno scritte digitando le singole parole. Altri linguaggi testuali sono, ad esempio: il C++, il Java, ecc…

Per linguaggio visuale, si intendono linguaggi che permettono di gestire le istruzioni, in modo grafico, cioè usando dei disegni o blocchi, che incastrati tra loro, permettono di far eseguire le istruzioni al computer. Esempi di linguaggi visuali possono essere considerati: Visual Basic, AppInventor, ecc…

Di Python abbiamo visto che le istruzioni vanno scritte con la tastiera, questo ci impone di scrivere molto, ma ci insegna ad usare i linguaggi di programmazione in modo molto più vicino alla macchina, cioè ci permette di gestire la macchina (per macchina intendo il computer, lo smartphone, il tablet, ecc…) in modo invasivo, entrando nel suo sistema, sapendo così gestire ogni singolo comando e fase di programmazione.

Con Python, quindi, possiamo creare programmi testuali, con cui il programma creato ci farà domande e noi risponderemo, oppure con menu testuali da selezionare, il tutto in modo semplice, ma poco accattivante, cioè privo dell'affascinante grafica che contraddistingue i software moderni.

Oggi tutti i software più commerciali sono con interfaccia grafica (per interfaccia si intende ciò che lo schermo mostra all'utente), questo permette all'utente di dover digitare poche parole, e lo si facilita a premere pulsanti, a selezionare opzioni, e cose del genere.

Python, che abbiamo già detto essere un linguaggio potente, non è da meno. Anche Python può gestire la grafica, anzi, può gestire anche grafica 3D e complessa, ma qui non parleremo di disegno grafico per creare software di manipolazione immagine o di disegno CAD; o cose simili, ma parleremo di grafica intesa come realizzazione di software che saranno dotati di pulsanti, selettori, caselle di testo e cose simili, che renderanno il nostro software più facile da gestire da parte dell'utente.

INIZIO DIVAGAZIONE

Qui voglio aprire una parentesi, che la ritengo la base e la cosa più fondamentale che esista nella programmazione. Lo chiamerei il punto zero.

Dilungandomi solo qualche riga, ricordandovi nuovamente che non sono un programmatore né un professore, ma solo un semplice appassionato di informatica, anche io, per il mio lavoro e per la vita di tutti i giorni, uso software creati da altri.

Per quanto riguarda i software che uso per la mia vita di tutti i giorni, non ho alcun problema, perché se uso un software, ad esempio di disegno, che capisco poco, posso acquistare o usarne un altro che magari ritengo più semplice.

Sul lavoro non è così, e non solo per me. Ognuno di noi, sul lavoro, è costretto ad usare software che a volte davvero sono complessi, macchinosi, con mille passaggi o creati male, con termini difficili o che ci complicano il lavoro invece che agevolarlo.

Se il vostro desiderio, se il vostro obiettivo è quello di lavorare nella programmazione e progettazione di software [non leggete questo libro ;-)], la prima cosa che secondo me dovreste davvero imparare è l'umiltà e la coscienza di capire che ciò che state creando non è per dimostrare che siete capaci a programmare, che siete capaci a produrre software complesso, ma che state creando un qualcosa per altri, e che quindi devono essere resi utili agli altri.

Per questo motivo, prima di creare un software, oltre a parlare con i dirigenti dell'azienda che hanno richiesto di progettare il software, dovete pretendere di parlare anche con i poveri operai, i poveri impiegati, che dovranno usare tutti i giorni quel software che creerete, perché saranno loro che dovranno capirlo e saranno loro che diventeranno più produttivi se capiranno il vostro software, altrimenti non avrete aiutato nessuno.

E' incredibile, ma qui parlo per me, che ogni volta che viene fornito di un nuovo software un ufficio, bisogna poi far frequentare ai dipendenti un corso di giorni, per spiegare come funziona quel determinato software. Fare questo significa già che tutto è troppo complesso, e non si stanno aiutando i dipendenti di quella azienda.

Certo, quando si consegna un nuovo software, è chiaro che dovrà comunque essere spiegato, ma lo si deve realizzare nel modo più semplice, comprensibile ed intuitivo, o come si dice in gergo volgare "a prova di stupido", per avere davvero un prodotto di cui tutti gli impiegati, operai, o comunque lavoratori vi saranno grati per averli considerati e rispettati.

Se sono riuscito a farvi capire il concetto che intendevo proporre, avrete capito l'importanza del vostro futuro lavoro.

FINE DIVAGAZIONE

Torniamo a parlare della gestione dell'interfaccia grafica del Python.

Python è in grado di creare finestre, pulsanti, caselle di testo, ed altro, già al suo interno, ovvero senza la necessità di altri software.

Per farlo, però, deve importare un modulo.

Cos'è un modulo? Un modulo, è un'insieme di istruzioni aggiuntive al Python. Infatti, quando programmiamo con Python, abbiamo a disposizione numerose istruzioni, come ad esempio: print, if, while, for, def, input, ecc…

Ognuna di esse esegue un determinato compito. Queste sono istruzioni che potremmo chiamare "istruzioni basiche", o meglio "istruzioni principali del

Python". Insomma, sono quelle istruzioni con cui riusciamo a fare quasi tutto in un programma.

Esistono poi delle istruzioni Python più specifiche, magari delle istruzioni che manipolano le date e gli orari, oppure delle istruzioni che gestiscono le connessioni di Rete, o ancora le istruzioni che gestiscono la grafica, e tante altre ancora.

Queste determinate istruzioni possono essere create da ognuno di noi, e chi ha realizzato Python, ha creato alcuni moduli già pronti, utili per questi determinati compiti.

Dovete sapere, che se per esempio voi siete appassionati di astronomia, potete creare dei moduli con istruzioni, da voi inventate, che eseguono dei determinati calcoli utili per questo argomento.

Le istruzioni che inventerete, non sono "il linguaggio Python", ma sono vostre istruzioni "create in linguaggio Python".

Facciamo un esempio pratico parlando di cibo. Spero di riuscire a farvi capire il concetto di modulo.

Per fare la pizza, ho bisogno di farina, lievito, acqua, sale, pomodoro e mozzarella.

Ragionando come se questi ingredienti fossero istruzioni Python, dovrei dire che per fare una pizza mi serve: farina, lievito, acqua, sale, pomodoro, latte, caglio.

Ops, ma c'è un errore. A me serviva la mozzarella.

Si, è vero, ma la mozzarella si fa lavorando il latte con il caglio.

Ah, è vero. Ma dato che quasi tutte le varietà di pizza usano la mozzarella, è inutile che ogni volta creo la mozzarella lavorando latte e caglio. Potrei, ad esempio, creare già la mozzarella, in modo che quando mi serve, la prendo già fatta.

Ecco. La mozzarella, in questo caso diventerebbe un modulo. Io creo la pizza, e poi, grazie al modulo mozzarella, la metto sulla pizza, senza dover lavorare ogni volta latte e caglio.

Qualcuno di voi che leggete, potrebbe giustamente pensare, che anche la pizza è sempre un'insieme di farina, lievito, acqua e sale.

Bravi. Potremmo creare un modulo pizza, in modo che per preparare una cena, basterà fare: pizza, pomodoro e mozzarella.

Come vedete, è diverso, e più immediato, rispetto che fare: farina, lievito, acqua, sale, pomodoro, latte e caglio.

In programmazione informatica, e quindi anche con Python, il ragionamento è il medesimo.

Python è la pizza, che raggruppa le istruzioni principali. Poi ci sono altre istruzioni, raggruppate in moduli, che possono essere richiamate quando servono.

Così potrò richiamare il modulo mozzarella (latte, caglio), oppure il modulo salsiccia (carne trita, sale, spezie), ecc...

Per finire la spiegazione dei moduli, possiamo considerare Python, l'insieme delle istruzioni:

print

def

input

if

for

while

ecc...

Se importiamo in Python il modulo che gestisce il tempo, e che tecnicamente si chiama *time*, avremo Ptyhon con le seguenti istruzioni:

print

def

input

if

for

```
while
ecc…
ctime
mktime
sleep
ecc…
```

Come avrete notato qui sopra, ora Python ha molte istruzioni in più, e sono quelle del modulo *time*, che è il modulo che raggruppa le istruzioni per manipolare gli orari.

Dato che non sempre sono necessarie nei programmi le istruzioni per manipolare gli orari, il Python di base, non dispone di quelle istruzioni, in modo da essere più leggero e veloce nell'esecuzione. Se poi ci servono quelle istruzioni, sarà sufficiente importarle, e importandole sarà come dire a Python "Hey Python, mi servono le istruzioni per manipolare il tempo, aggiungi delle istruzioni di quel tipo al tuo linguaggio. Grazie"

No, grazie non lo dice, però era bello essere gentili tra uomo e macchina ;-) Non si sa mai che un giorno le macchine si ribellano. In questo modo magari avranno pietà di noi.

Vi ricordo che Python può utilizzare numerosissimi moduli già pronti, inglobati tra i file che abbiamo scaricato installando Python, che possono gestire Reti, email, tempo, cripto, e tanto altro e di cui trovate l'elenco completo in questa pagina: http://docs.python.it/html/modindex.html

Inoltre, come ho detto all'inizio, ognuno di noi può creare moduli personalizzati e specifici, e così hanno fatto milioni di utenti nel mondo.

Ecco perché possono esistere anche moduli che eseguono istruzioni con lo stesso scopo, ma creati da utenti diversi. E' il caso anche del modulo per gestire l'interfaccia grafica. Esistono moduli diversi, come ad esempio Tkinter, Win32Exstension, WxPython. Però, di queste, è Tkinter il modulo integrato in Python. Gli altri moduli sono realizzati da terze parti.

Ma torniamo alle spiegazioni. Python, per poter gestire l'interfaccia grafica, deve importare un apposito modulo, e quello inglobato dentro di sé è il modulo Tkinter.

Qualcuno di voi avrà sentito parlare del termine GUI, e Tkinter è un modulo che gestisce la GUI.

Ma cosa significa GUI? GUI è la sigla che indica le parole inglesi "Graphical User Interface", che non è altro che "Interfaccia grafica utente".

Bene. Abbiamo scoperto mille cose nuove ma non abbiamo ancora messo mano al codice, e dato che a noi interessa l'aspetto pratico, partiamo.
Prima di tutto importiamo il modulo Tkinter per essere utilizzato nel nostro programma.

```
>>>
>>> from tkinter import *
>>> |
```

L'istruzione che abbiamo usato è:
from tkinter import *
che significa "da tkinter importa tutto", infatti il carattere * è un carattere jolly, che significa "tutto".
Insomma, abbiamo appena detto a Python

di importare tutte le istruzioni del modulo **tkinter**.

ATTENZIONE: per questo libro sto utilizzando la versione Python 3. Se usate la versione Python 2, l'istruzione per importare il modulo tkinter è lo stesso, ma la parola tkinter va scritto con la T maiuscola. Analoga regola vale per alcune opzioni che verranno usate all'interno delle istruzioni che impareremo:

Per la versione Python 2.x
from Tkinter import *

per la versione Python 3.x
from tkinter import *

FATE ATTENZIONE ad adattare questo accorgimento anche per il resto delle istruzioni che dovessi utilizzare nel seguito del libro.

Ora che abbiamo importato le istruzioni del modulo tkinter, possiamo utilizzarle.

Questo modulo usa la "programmazione ad oggetti" che è un metodo di programmare differente da quello che ho spiegato nel mio precedente libro "Il mio modo di spiegare il linguaggio...Python".

Non mi addentrerò nella spiegazione tecnica della programmazione ad oggetti.

Ora dobbiamo creare un oggetto che si occuperà di gestire le istruzioni dell'interfaccia grafica. Per creare questo oggetto, saremo noi che inventeremo un nome da dare all'oggetto, dato che non possiamo usare nel programma la parola tkinter.

Scriviamo quindi:

uovo=Tk()

```
>>>
>>> from tkinter import *
>>> uovo=Tk()
>>>
```

Dopo che avrete premuto il tasto INVIO sulla tastiera, apparirà automaticamente una finestra, ecco la nostra prima interfaccia grafica. E' una finestra.

Il suo nome, scelto da noi, è **uovo**.

IMPORTANTE: Per la versione Python 2.x è necessario scrivere alla fine di un programma che usa Tkinter, la seguente istruzione:

uovo.mainloop()

ovvero il nome della finestra principale, che in questo caso si chiama **uovo**, e l'istruzione **mainloop()** che genere un loop, cioè un ciclo infinito, che manterrà la finestra visibile sullo

<u>schermo.</u>

Chiaramente la parola **uovo** è una parola inventata. Voi magari potevate chiamarla **finestra**, oppure **menu**, oppure **menu_principale**, ecc...

Tutto quello che vorremo aggiungere o modificare a questa finestra, sarà riferita all'oggetto **uovo.**

Volendo posso creare una nuova finestra, chiamandola con un nome diverso, ad esempio **gallina**, e scriverò:

```
gallina=Tk()
>>> from tkinter import *
>>> uovo=Tk()
>>> gallina=Tk()
>>>
```

ed ecco che apparirà anche la seconda finestra. A sinistra ho la finestra **uovo** e a destra ho la finestra **gallina**. Se vorrò aggiungere un pulsante dentro la seconda finestra, programmando dovrò riferirmi alla finestra **gallina**.

Come possiamo notare, le due finestre sono identiche, hanno le stesse dimensioni.

Se ad esempio vogliamo modificare le

dimensioni della finestra **gallina,** possiamo usare la seguente istruzione:

gallina.geometry("300x500")

```
...
>>> from tkinter import *
>>> uovo=Tk()
>>> gallina=Tk()
>>> gallina.geometry("300x500")
''
```

ed avremo questo risultato:

La finestra **gallina** ha modificato le sue dimensioni in 300 pixel di larghezza e 500 di altezza.

L'istruzione **geometry** permette quindi di

modificare la sua geometria, le sue dimensioni.

Vediamo anche che il titolo, nella barra del titolo di ogni finestra è il medesimo, ovvero *tk*.

Modifichiamo il titolo della finestra **uomo** con il testo "provola", in questo modo:

uovo.title("provola")

```
>>> from tkinter import *
>>> uovo=Tk()
>>> gallina=Tk()
>>> gallina.geometry("300x500")
' '
>>> uovo.title("provola")
' '
>>> |
```

Ecco il risultato:

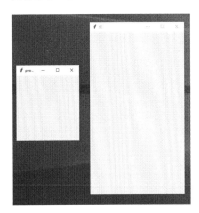

Nella finestra **uovo** il titolo è stato modificato, ma magari, come nel caso della foto precedente, non è visibile per esteso, a causa delle ridotte dimensioni della finestra. Se provate ad allargarla, anche magari usando il mouse, vedrete apparire il titolo per esteso, come mostrato nella figura sotto:

Ora proviamo a modificare il colore di

sfondo della finestra **uovo,** colorandola di rosso:

uovo.configure(background="red")

Ecco il risultato:

La parola "background" è una parola inglese composta dalle parole "back" che significa "indietro" e "ground" che significa "terra", quindi background significa "terra indietro", o meglio, il suo significato è "sfondo".

Per colorarla di colori diversi, possiamo utilizzare i nomi dei colori in inglese, come: black (nero), white (bianco), yellow (giallo), green (verde), ecc… oppure possiamo usare colori più specifici usando i codici esadecimali.

Ad esempio, possiamo usare il codice esadecimale **589cf1** che identifica una specifica gradazione di azzurro. Usiamo questa gradazione di colore per modificare lo sfondo dell'altra finestra **gallina**:

gallina.configure(background="#589cf1")

```
>>> from tkinter import *
>>> uovo=Tk()
>>> gallina=Tk()
>>> gallina.geometry("300x500")
''
>>> uovo.title("provola")
''
>>> uovo.configure(background="red")
>>> gallina.configure(background="#589cf1")
>>>
```

In questo caso, come avrete notato, abbiamo però dovuto anteporre il carattere **#** al codice esadecimale. E' obbligatorio.

Ed ecco il risultato:

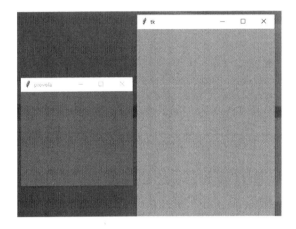

Ora aggiungiamo del testo all'interno di una finestra. Magari la inseriamo all'interno della finestra **gallina**.

Per farlo, dobbiamo dare un nome a questo nuovo componente, che è appunto un componente "testo". Lo chiameremo **parola**.

```
parola=Label(gallina,text="testo di prova")
```

```
>>> uovo.title("provola")
''
>>> uovo.configure(background="red")
>>> gallina.configure(background="#589cf1")
>>> parola=Label(gallina,text="testo di prova")
>>> |
```

Dopo che abbiamo aggiunto questa istruzione, non accadrà nulla. Ma prima capiamo il significato dell'istruzione. La prima cosa che abbiamo fatto è dare il nome al componente, e lo abbiamo chiamato **parola**, poi mediante il segno **=** (uguale) gli abbiamo assegnato il componente specifico, che nel nostro caso è il componente **Label** (attenzione di scriverlo con la L maiuscola). La parola **Label** in italiano significa "etichetta". Dentro le parentesi abbiamo però dovuto dire alla **Label** in quale finestra doveva inserirsi, e gli abbiamo specificato nella finestra **gallina**, infine abbiamo aggiunto l'istruzione **text**, che in italiano significa "testo", in cui abbiamo impostato che il testo di questa etichetta deve essere "testo di prova".

E' tutto perfetto, però non è successo nulla, come potete notare nulla figura sotto:

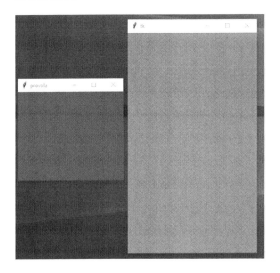

Infatti, i componenti di tkinter, hanno due passaggi fondamentali. Uno è quello che abbiamo appena eseguito, ovvero la progettazione del componente. In questo caso abbiamo progettato un'etichetta. Ora abbiamo il secondo e ultimo passaggio che è quello che determina, come e in che posizione inserire il componente. In gergo tecnico di Python, si dice che dobbiamo impacchettarlo nella finestra. Infatti useremo ora l'istruzione **pack**.

Per farlo, dobbiamo dire cosa vogliamo impacchettare, o meglio, quale componente vogliamo impacchettare, e nel nostro caso vogliamo impacchettare il componente **parola**.

Ecco l'istruzione:

parola.pack()

```
>>> gallina.configure(background="#589cf1")
>>> parola=Label(gallina,text="testo di prova")
>>> parola.pack()
>>>
```

Questa istruzione impacchetta, o meglio, inserisce materialmente il componente nella finestra. Le due parentesi aperta e chiusa sono obbligatorie, perché prevedono ulteriori opzioni che però al momento non abbiamo utilizzato.

Ecco che dopo aver inserito questa

istruzione, il testo sarà visibile nella finestra:

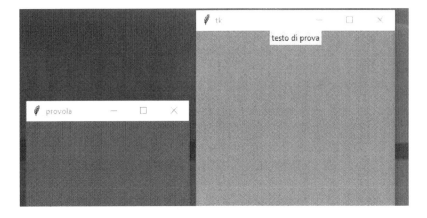

Il testo è stato inserito in lato e centrato rispetto alla finestra.

Volendo possiamo imporre a tkinter dove inserire il testo, ovvero se posizionarlo in alto al centro, come ha già fatto, e che in modo più corretto avremmo dovuto impostarlo con la seguente istruzione:

parola=pack(side=TOP)

```
>>>
>>> parola.pack(side=TOP)
>>>
```

Con l'istruzione sopra, abbiamo detto a tkinter di impacchettare il componente **parola**, nel **side** ("side" in italiano significa "lato") **TOP** ("TOP" in italiano significa "in alto").

In questo caso non cambia nulla rispetto a prima:

Se però vogliamo imporre a tkinter di mettere la scritta in basso, useremo la seguente istruzione:

parola=pack(side=BOTTOM)

```
>>>
>>> parola.pack(side=TOP)
>>> parola.pack(side=BOTTOM)
>>>
```

La parola BOTTOM in italiano significa

"parte inferiore".

Ed ecco il risultato:

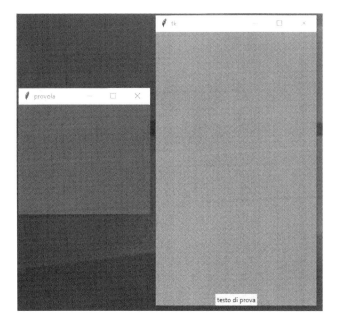

Oppure possiamo posizionarlo a sinistra (LEFT in italiano significa "sinistra"):

parola.pack(side=LEFT)

```
>>> parola.pack(side=TOP)
>>> parola.pack(side=BOTTOM)
>>> parola.pack(side=LEFT)
>>>
```

Ed ecco il risultato:

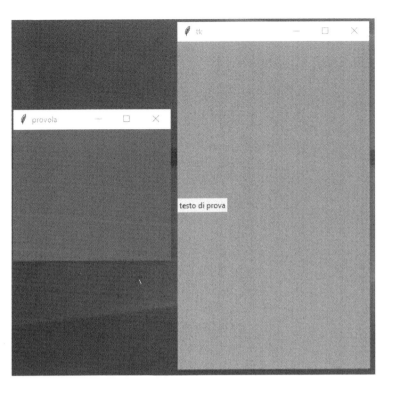

Oppure possiamo posizionarlo a destra
(RIGHT in italiano significa "destra"):

parola.pack(side=RIGHT)

```
>>>
>>> parola.pack(side=TOP)
>>> parola.pack(side=BOTTOM)
>>> parola.pack(side=LEFT)
>>> parola.pack(side=RIGHT)
>>> |
```

Ecco il risultato:

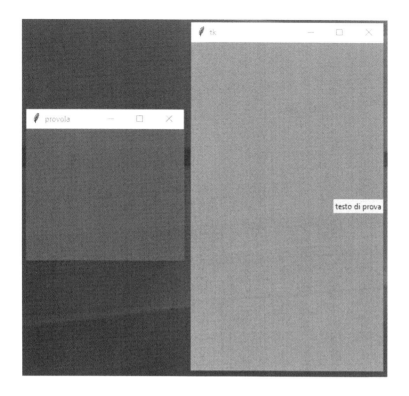

Proviamo ad aggiungere un altro componete etichetta, e chiamiamolo **frase**. Questo componente lo inseriremo in alto al centro:

frase=Label(gallina,text="altro testo")

```
>>>
>>>
>>> frase=Label(gallina,text="altro testo")
>>>
```

Come sappiamo già, dobbiamo impacchettarlo per poterlo vedere inserito nella finestra. Inseriamolo:

frase.pack(side=TOP)

```
>>>
>>> frase=Label(gallina,text="altro testo")
>>> frase.pack(side=TOP)
>>>
```

Ecco il risultato:

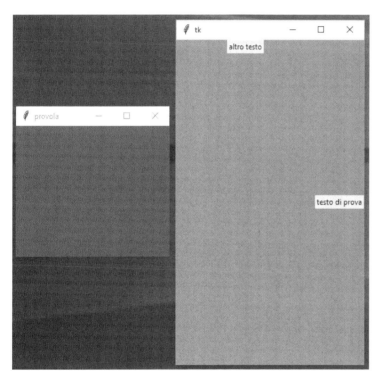

Ora spostiamo la prima etichetta **parola,**

in alto al centro:

parola.pack(side=TOP)

```
>>>
>>> parola.pack(side=TOP)
>>>
```

Ecco il risultato:

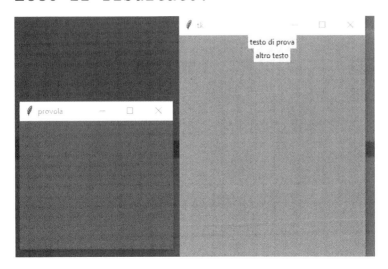

Come si può notare, l'etichetta **parola** è stata messa prima dell'etichetta **frase**. Questo perché l'etichetta **parola** è stata dichiarata per prima nel programma.

Possiamo anche notare che le due etichette sono però posizionate attaccate. Esiste un altra opzione per l'istruzione **pack** ed è quella che permette di creare uno spazio attorno al componente. Questo vale per qualsiasi componente, ma noi ora lo utilizzeremo con la nostra etichetta.

Usiamo quindi questa istruzione:

parola.pack(pady=10)

```
>>>
>>> parola.pack(pady=10)
>>>
```

Questa istruzione farà in modo che l'etichetta **parola** sarà staccata da qualsiasi altro componente, sull'asse y, di 10 pixel. L'asse y è inteso, in verticale.

Dato che l'etichetta **parola** al momento era attaccata in alto alla finestra **gallina** e in basso all'etichetta **frase**, ecco che con questa istruzione si staccherà da loro di 10 pixel.

Ecco il risultato:

Se la nostra etichetta **parola** fosse stata attaccata a destra o sinistra ad altri componenti, potevamo staccarla da loro usando l'altra opzione:

parola.pack(padx=10)

IMPORTANTE: non è necessario usare l'istruzione **pack** tante volte quante sono le opzione che vogliamo impostare, ma possiamo fare tutto con un'unica istruzione. Questa regola vale anche per il resto delle istruzioni che impareremo in questo libro.

Quindi, avremmo potuto scrivere nel nostro programma:

parola.pack(side=TOP,pady=22)

Ogni opzione va separata dalla virgola, e non importa l'ordine con cui inseriremo le opzioni.

Inoltre, altra cosa importante da sapere è che possiamo impacchettare il componente anche nel momento della sua creazione, in questo modo:

parola=Label(gallina,text="testo di prova").pack(side=TOP,pady=22)

```
>>>
>>> parola=Label(gallina,text="testo di prova").pack(side=TOP,pady=22)
>>> |
```

Con l'istruzione sopra abbiamo migliorato il codice, ed è come se avessimo scritto:

```
>>>
>>> parola=Label(gallina,text="testo di prova")
>>> parola.pack(side=TOP,pady=22)
>>> |
```

Anche per le opzioni da usare durante la creazione del componente, possiamo inserirne quante ne vogliamo. Ad esempio possiamo cambiare il colore dello sfondo del testo, come abbiamo già imparato per il colore di sfondo della finestra, usando l'opzione **background**:

```
>>> parola=Label(gallina,text="testo di prova",background="red")
>>> parola.pack(side=TOP,pady=22)
>>>
```

Ed avremo questo risultato:

Il background (cioè lo sfondo) dell'etichetta, è stato colorato di rosso.

Però, nell'istruzione sopra, abbiamo usato un unica istruzione che crea l'etichetta **parola**, gli imposta il testo da scrivere e poi gli imposta il colore di sfondo.

Se invece avevamo già creato una etichetta con questa istruzione:

```
>>>
>>> parola=Label(gallina,text="testo di prova").pack()
>>>
>>>
```

e solo successivamente abbiamo la necessità di cambiare il colore di sfondo, allora dobbiamo usare l'istruzione **configure**, che ci permetterà di inserire tutte quelle opzioni che ci siamo dimenticati inizialmente o che vogliamo modificare durante l'esecuzione del programma.

Quindi, per cambiare il colore di sfondo della label **gallina** dopo che la label è già stata creata, scriveremo:

```
>>>
>>>
>>> parola.configure(background="red")
>>>
```

Riepilogando. Se dobbiamo inserire delle impostazioni o opzioni per un componente (in questo caso stiamo usando solo la Label, ma la regola vale anche per gli altri componenti che vedremo), lo possiamo fare:

- quando viene creato il componente;
- oppure successivamente, usando l'istruzione **configure**.

L'etichetta ha diverse opzioni che possiamo utilizzare, vediamone qualcuna tra quelle utili:

- **foreground** (che permette di impostare il colore del testo. Con **background** avevamo impostato il colore dello sfondo del testo);

```
>>>
>>>
>>> parola.configure(foreground="yellow")
>>> |
```

- **cursor** (che permette di cambiare il tipo di puntatore di mouse, quando il puntatore passerà sopra la Label. I tipi di cursori esistenti sono tanti, nell'esempio sotto viene usata la parola "plus" che significa "+" e che infatti, quando passeremo il puntatore del mouse sopra la Label, il puntatore diventerà una crocetta, ma esistono altre opzioni come: "circle" che mostra un cerchio; "center_ptr" che mostra una freccia verso l'alto; "dot" che mostra un grosso punto nero; "fleur" che mostra 4 frecce divergenti; "heart" che mostra un cuore; "watch" che mostra un orologio; "hand1" oppure "hand2" che mostrano due tipi di mani con dito puntato);

```
. . .
>>>
>>> parola.configure(cursor="plus")
>>> |
```

- **font** (che permette di impostare il tipo di carattere e le sue dimensioni. Nell'esempio sotto viene usato il carattere "Times New Roman" con dimensione 22 in grassetto, ma volendo si può solo specificare il tipo di carattere, oppure il tipo di carattere e le dimensioni, oppure tutti e tre, oppure solo uno delle tre opzioni. Alcuni dei caratteri utilizzabili sono: "Times", "Verdana", "Helvetica", "Arial", "Courier", ecc… Per le dimensioni si usa il numero che si preferisce. Per il tipo di formattazione testo si può usare: "bold" per il grassetto, "italic" per il corsivo, "underline" per il sottolineato, "normal" per il normale). Tutte le opzioni vanno inserite tra virgolette e spaziate tra loro, senza alcuna virgola, come meglio si vede nell'esempio sotto:

```
>>>
>>> parola.configure(font="Times 22 underline")
```

- **text** (che permette di cambiare il testo della Label)

```
>>>
>>> parola.configure(text="niktorthenat")
>>>
```

Se si vuole scrivere un testo nella Label che stia su più righe, si usa semplicemente in carattere speciale **\n** che si utilizza normalmente nell'istruzione **print** del Python, per indicare "new line" (cioè nuova riga). Ecco un esempio:

```
>>>
>>> parola.configure(text="niktorthenat\nil migliore")
>>>
```

;-) Lo so, avrei potuto usare un'altra frase come esempio, però che volete, è così bello ricevere complimenti, che me li faccio da solo, così almeno uno l'ho ricevuto ;-)

Ci sono anche altre opzioni utilizzabili

con le Label, ma prima di tutto questo non vuole e non può essere un manuale completo su questo argomento, dato che chi scrive è solo un utente come voi, e poi ritengo che ciò che è stato spiegato fino ad ora, sia sufficiente a gestire le impostazioni principali, e soprattutto a capire che tipo di ricerche poter fare sui motori di ricerca Internet, per cercare le altre opzioni mancanti da testare autonomamente, per le esigenze di ognuno di voi.

Vediamo ora altri componenti utilizzabili con Tkinter, in modo che possiate apprezzare le potenzialità di questo modulo.

Con Tkinter possiamo utilizzare dei pulsanti, e per inserirne uno all'interno della nostra finestra, utilizzeremo la sintassi (cioè il modo di scrivere) che abbiamo già usato per le Label.

Quindi, abbiamo imparato che per usare un'etichetta nella finestra si usa la parola **Label**.

Per inserire un pulsante invece si usa la parola **Button**.

Sapendo che per inserire un'etichetta nella finestra **gallina** dobbiamo dargli un nome, poi aggiungere e opzioni necessarie, infine impacchettare il tutto per rendere il componente visibile sullo schermo:

```
parola=Label(gallina,text="una parola").pack()
```

Ecco che per inserire un pulsante nella finestra si usa (attenzione che Button va scritto con la B maiuscola):

```
bolla=Button(gallina,text="premi qui").pack()
```

```
>>>
>>> bolla=Button(gallina,text="premi qui").pack()
>>>
```

Ecco il risultato:

Anche per il componente **Button** valgono le stesse cose dette per la **Label**, cioè è possibile modificare le sue dimensioni, colori vari, posizione, font, ecc... usando i metodi spiegati per la **Label**.

Ma come si fa a gestire la pressione del pulsante?
Come si fa a far eseguire al pulsante un determinato comando o determinate istruzioni?

La cosa è davvero semplicissima, e usa

le funzioni.

Se vi ricordate cosa ho spiegato nel mio precedente libro "Il mio modo di spiegare il linguaggio...Python", ricorderete che le funzioni sono pezzi, o comunque gruppi di istruzioni, che possiamo richiamare quando ne abbiamo bisogno.

Bene, le funzioni, in questo caso, funzioneranno allo stesso modo, e il pulsante le chiamerà quando verrà premuto. Sarà sufficiente ricordarsi di inserire il nome della funzione, quando creiamo il pulsante.

Ipotizziamo di voler creare un programma che, quando premiamo un pulsante, cambia il colore di sfondo della finestra nel colore giallo.

Prima di tutto creiamo un nuovo programma, e scriviamo le istruzioni. La prima da scrivere è quella che ci permette di importare il modulo Tkinter:

from tkinter import *

poi scriviamo la funzione con le istruzioni per cambiare colore della finestra. Questa funzione la chiameremo "cambia".

def cambia():

gallina.configure(background="yellow")

Noi sappiamo che se dovessimo eseguire ora il programma, la funzione non verrà eseguita, perché non è stata chiamata da nessuno, quindi non cambiarà nessun colore.

Aggiungiamo ora le istruzioni per creare una finestra, che chiameremo sempre **gallina** e con dentro un pulsante che chiameremo **bottone.**

```
gallina=Tk()
bottone=Button(gallina,text="premi qui").pack()
```

Ecco il listato completo:

File Edit Format Run Options Window Help

```
from tkinter import *

def cambia():
    gallina.configure(background="yellow")

gallina=Tk()
bottone=Button(gallina,text="premi qui").pack()
```

Se eseguiamo questo programma, apparirà una piccola finestra, sufficiente a contenere il pulsante con scritto "premi qui".

Se proviamo a premere sul pulsante, non succederà nulla. Come vi ho spiegato prima, dobbiamo inserire, tra le opzioni di creazione del pulsante, la chiamata alla funzione "cambia". Aggiungeremo quindi l'istruzione **command** che significa proprio "comanda", ovvero è come dire "Python, quando premo il pulsante, ti **comando** di eseguire quella determinata funzione".

Ecco come scrivere, in modo corretto, l'istruzione per creare il pulsante:

```
bottone=Button(gallina,text="premi qui",command=cambia).pack()
```

```
from tkinter import *

def cambia():
    gallina.configure(background="yellow")

gallina=Tk()
bottone=Button(gallina,text="premi qui",command=cambia).pack()
```

Fate molta attenzione a non mettere il nome della funzione tra virgolette, cioè non scrivete:

command="cambia"

ma

command=cambia

perché la parola **cambia** è un nome di funzione, non un valore, colore, o altro tipo di dato.

Ora eseguite il programma e vedrete cosa succede, se premete il pulsante.

Il colore dello sfondo è cambiato. Allo stesso modo potevate modificare qualsiasi altro parametro.

Potevamo ad esempio modificare il testo all'interno di una etichetta. Proviamo.

```
from tkinter import *

def cambia():
    etichetta.configure(text="NiktorTheNat")

gallina=Tk()
etichetta=Label(gallina,text="ciao a tutti")
etichetta.pack()
bottone=Button(gallina,text="premi qui",command=cambia).pack()
```

```
 File  Edit  Format  Run  Options  Window  Help
 from tkinter import *

 def cambia():
     etichetta.configure(text="NiktorTheNat")

 gallina=Tk()
 etichetta=Label(gallina,text="ciao a tutti")
 etichetta.pack()
 bottone=Button(gallina,text="premi qui",command=cambia).pack()
 |
```

I più attenti di voi avranno notato che l'etichetta l'ho impacchettata su una riga a parte, difatti in questo caso se avessi scritto:

etichetta=Label(gallina,text="ciao a tutti").pack()

cioè con il **.pack()** attaccato alla Label, avrei ottenuto un errore. Non so spiegarvi con precisione il perché, ma a questo punto consiglio di "impacchettare" i componenti sempre con un'istruzione a parte, in modo da evitare spiacevoli inconvenienti ed errori.

Con il programma sopra, è stata creata una finestra **gallina**, una Label di nome **etichetta** ed un Button di nome **bottone**.

Nella funzione **cambia()** ho poi configurato un testo diverso per la Label **etichetta**.

In questo modo, quando si premerà sul pulsante, cambierà il testo della Label.

Tutto questo so già che vi ha aperto gli occhi e vi ha affascinato, perché è sempre straordinario riuscire a creare un programma che esegua i nostri compiti.

Sono mille le idee che vi stanno passando per la testa, su come realizzare il vostro programma, ma attenzione che dovete ancora scoprire molte altre istruzioni e comandi utili.

Altro componente che scopriamo ora, è il

componente **Entry**. Questo componente non è altro che la casella di testo, ovvero quel componente che ci permette di avere un input dall'utente che digiterà le parole al suo interno.

Per inserire una casella di testo nella finestra, si usa la stessa tecnica imparata fino ad ora. Ipotizzando che dobbiamo inserire la casella di testo che chiameremo **testo**, dentro la finestra **gallina**

testo=Entry(gallina)

e poi, per precauzione, cioè per evitare possibili errori, lo impacchettiamo con un'istruzione a parte:
testo.pack()

Come vedete, questa istruzione, volendo, non ha la necessità di opzioni aggiuntive.

```
File   Edit   Format   Run   Options   Window
from tkinter import *

gallina=Tk()
testo=Entry(gallina)
testo.pack()
```

Ecco cosa apparirà:

Avremo una finestra, minimale, con la casella di testo di lunghezza standard. Qui potremo scrivere qualsiasi cosa. Premo con il puntatore del mouse nella casella di testo e scrivo il mio nome:

Facciamo un esempio pratico e inseriamo, in una finestra, una Label (etichetta), una Entry (casella di testo) e un Button (pulsante). Faremo in modo che l'utente possa scrivere dentro la casella di testo, e dopo aver premuto il pulsante, quello che ha scritto nella casella di testo, modificherà il testo dell'etichetta.

Ecco il programma completo. Per comodità e per migliore comprensione, ho dato ad ogni componente, un nome che rappresenta proprio quel determinato componente:

```
from tkinter import *

def cambia():
    etichetta.configure(text=caselladitesto.get())

gallina=Tk()
etichetta=Label(gallina,text="qui cambia il testo")
etichetta.pack()
caselladitesto=Entry(gallina)
caselladitesto.pack()
pulsante=Button(gallina,text="premi qui",command=cambia)
pulsante.pack()
```

```
from tkinter import *

def cambia():
    etichetta.configure(text=caselladitesto.get())

gallina=Tk()
etichetta=Label(gallina,text="qui cambia il testo")
etichetta.pack()
caselladitesto=Entry(gallina)
caselladitesto.pack()
pulsante=Button(gallina,text="premi qui",command=cambia)
pulsante.pack()
```

La prima cosa che risalta, è che ho "impacchettato" tutti i componenti con un'istruzione apposita, per ogni componente.

Per il resto, sono tutte istruzioni che potete capire da soli, perché già usate in precedenza, tranne una. E' l'istruzione evidenziata in giallo:

```
def cambia():
    etichetta.configure(text=caselladitesto.get())
```

L'istruzione **get()** permette di prelevare il testo contenuto dentro la casella di testo che ho chiamato **caselladitesto**.

Infatti, la parola **get** tradotta in italiano significa "preleva".

Quindi, se scriviamo qualcosa nella casella di testo, e dobbiamo poi prendere quello che è stato scritto, per elaborarlo nel nostro programma, useremo l'istruzione **get()**.

Nel caso specifico del nostro esempio, abbiamo creato una funzione nominata **cambia()**, che contiene l'istruzione che modifica il testo dell'etichetta. Al posto del testo da scrivere, messo tra virgolette, ho scritto **text=caselladitesto.get()** che mette, come testo, quello che è contenuto nella casella di testo.

Se avviamo il programma, avremo questo:

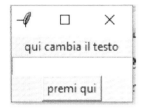

Se proviamo a scrivere qualcosa dentro la casella di testo, e poi premiamo sul pulsante, avremo quel testo scritto anche nell'etichetta:

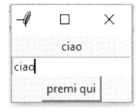

Forse avrete anche fatto caso che quando avviamo il programma, non possiamo scrivere direttamente nella casella di testo, ma dobbiamo prima di tutto premere con il puntatore del mouse dentro la casella, in modo da far apparire il cursore lampeggiante e poter finalmente scrivere.

Se vogliamo che all'avvio del programma, possiamo già scrivere nella casella di testo, è sufficiente dargli il focus, cioè dargli la precedenza rispetto agli altri componenti.

Per dare il focus alla casella di testo, aggiungeremo l'istruzione:

`caselladitesto.focus_set()`

Aggiungiamola al nostro programma. La evidenzio in giallo:

```python
from tkinter import *


def cambia():
    etichetta.configure(text=caselladitesto.get())


gallina=Tk()
etichetta=Label(gallina,text="qui cambia il testo")
etichetta.pack()
caselladitesto=Entry(gallina)
caselladitesto.pack()
pulsante=Button(gallina,text="premi
qui",command=cambia)
```

```
caselladitesto.focus_set()
pulsante.pack()
```

L'istruzione **focus_set()** significa:

"set" = imposta

"focus" = focus

quindi questa istruzione significa, "imposta il focus". Volendo possiamo usarla con altri componenti.

Se abbiamo la necessità di impostare un testo già scritto dentro la casella di testo, possiamo usare la seguente istruzione:

```
caselladitesto.insert(0,"scrivi qui")
```

In questo modo stiamo dicendo a Python di inserire la frase "scrivi qui", partendo dal carattere 0.

Inseriamo questa istruzione nel programma (la evidenzio di giallo):

```
from tkinter import *
```

```
def cambia():
    etichetta.configure(text=caselladitesto.get())

gallina=Tk()
etichetta=Label(gallina,text="qui cambia il testo")
etichetta.pack()
caselladitesto=Entry(gallina)
caselladitesto.pack()
pulsante=Button(gallina,text="premi
qui",command=cambia)
caselladitesto.focus_set()
caselladitesto.insert(0,"scrivi qui")
pulsante.pack()
```

Ecco cosa appare all'avvio del programma:

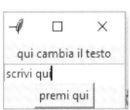

Ora, per vedere un'altra istruzione utile delle caselle di testo, aggiungiamo un altro pulsante che chiameremo **cancella** (che ho evidenziato in giallo qui sotto):

```python
from tkinter import *

def cambia():
    etichetta.configure(text=caselladitesto.get())

gallina=Tk()
etichetta=Label(gallina,text="qui cambia il testo")
etichetta.pack()
caselladitesto=Entry(gallina)
caselladitesto.pack()
pulsante=Button(gallina,text="premi
qui",command=cambia)
caselladitesto.focus_set()
caselladitesto.insert(0,"scrivi qui")
pulsante.pack()
cancella=Button(gallina,text="elimina",command=togli)
cancella.pack()
```

Ora aggiungiamo una nuova funzione che chiameremo **togli** (dato che abbiamo già inserito la chiamata alla funzione nel nuovo pulsante) e gli inseriamo una nuova istruzione delle caselle di testo.

Le evidenzio qui sotto:

```python
from tkinter import *

def cambia():
    etichetta.configure(text=caselladitesto.get())

def togli():
    caselladitesto.delete(3,END)

gallina=Tk()
etichetta=Label(gallina,text="qui cambia il testo")
etichetta.pack()
caselladitesto=Entry(gallina)
caselladitesto.pack()
pulsante=Button(gallina,text="premi qui",command=cambia)
caselladitesto.focus_set()
caselladitesto.insert(0,"scrivi qui")
pulsante.pack()
cancella=Button(gallina,text="elimina",command=togli)
cancella.pack()
```

Nella funzione **togli,** troviamo la seguente istruzione:

caselladitesto.delete(3,END)

Questa istruzione permette di eliminare del testo dall'interno della casella di testo. La parola **delete** infatti significa "elimina". Quindi questa istruzione elimina del testo, e quello che eliminerà lo indichiamo tra parentesi.

Nel caso del nostro esempio, ho scritto **(3,END)** che significa: "elimina dalla casella di testo, tutti i caratteri partendo dal terzo fino alla fine" (END significa "fine"). Se volevo togliere solo determinati caratteri avrei potuto usare (3,8), oppure se volevo eliminare dall'inizio alla fine, potevo scrivere (0,END).

Ecco cosa succede se avviamo il nostro programma, e premiamo il nuovo pulsante:

Rimane solo la parola "scr", in quanto il resto viene eliminato.

Se dobbiamo giustificare il testo dentro la casella di tespo, possiamo usare l'istruzione **justify** che in italiano significa "giustifica".
Aggiungiamo la seguente istruzione al programma:

caselladitesto.configure(justify=CENTER)

Questa istruzione permetterà di visualizzare centrato, il testo della casella di testo. Lo inserisco nel programma e lo evidenzio in giallo:

```
from tkinter import *

def cambia():
    etichetta.configure(text=caselladitesto.get())

def togli():
    caselladitesto.delete(3,END)
```

```
gallina=Tk()
etichetta=Label(gallina,text="qui cambia il testo")
etichetta.pack()
caselladitesto=Entry(gallina)
caselladitesto.pack()
pulsante=Button(gallina,text="premi qui",command=cambia)
caselladitesto.focus_set()
caselladitesto.insert(0,"scrivi qui")
caselladitesto.configure(justify=CENTER)
pulsante.pack()
cancella=Button(gallina,text="elimina",command=togli)
cancella.pack()
```

Ecco cosa succederà quando avviamo il programma:

Il testo nella casella di testo, appare centrato. Volendo possiamo usare anche le opzioni **LEFT** oppure **RIGHT** che significano, rispettivamente, SINISTRA o DESTRA.

Altra istruzione utile che possiamo usare con la casella di teso, è **show** che permette di impostare un determinato carattere, che nasconde la vera parola scritta dentro la casella di testo. E' il caso tipico delle caselle di testo dove dobbiamo scrivere le password. La casella di testo mostrerà uno specifico carattere (di solito l'asterisco) così il vero testo non sarà visibile ai curiosi.

Per farlo con le nostre caselle di testo, è sufficiente aggiungere l'istruzione **show** quando creiamo la casella di testo. Qui sotto ho inserito l'istruzione, e l'ho evidenziata di giallo:

```
from tkinter import *

def cambia():
    etichetta.configure(text=caselladitesto.get())

def togli():
    caselladitesto.delete(3,END)

gallina=Tk()
etichetta=Label(gallina,text="qui cambia il testo")
etichetta.pack()
caselladitesto=Entry(gallina,show="*")
caselladitesto.pack()
pulsante=Button(gallina,text="premi qui",command=cambia)
caselladitesto.focus_set()
caselladitesto.insert(0,"scrivi qui")
caselladitesto.configure(justify=CENTER)
pulsante.pack()
cancella=Button(gallina,text="elimina",command=togli)
cancella.pack()
```

Ecco quello che appare se avviamo il programma:

Se vogliamo gestire la pressione dei tasti dentro la casella di testo, come ad esempio capire se viene premuto il tasto ENTER, possiamo usare l'istruzione **bind** che in italiano significa "legare, attaccare, ecc...". Infatti questa istruzione lega, insomma, collega un determinato tasto ad una determinata funzione.

Inserisco l'istruzione dentro il nostro programma e la evidenzio di giallo:

```python
from tkinter import *

def cambia(evento):
    etichetta.configure(text=caselladitesto.get())

def togli():
    caselladitesto.delete(3,END)

gallina=Tk()
etichetta=Label(gallina,text="qui cambia il testo")
etichetta.pack()
```

```
caselladitesto=Entry(gallina)
caselladitesto.pack()
pulsante=Button(gallina,text="premi qui",command=cambia)
caselladitesto.focus_set()
caselladitesto.insert(0,"scrivi qui")
caselladitesto.configure(justify=CENTER)
caselladitesto.bind("<Return>",cambia)
pulsante.pack()
cancella=Button(gallina,text="elimina",command=togli)
cancella.pack()
```

(N.B.: ho tolto la precedente opzione che rendeva il testo coperto da sterischi, dato che non ci serve più per i nostri esempi)

L'istruzione che abbiamo scritto é:

caselladitesto.bind("<Return>",cambia)

Che imposta il tasto ENTER (che nelle opzioni va scritto con la parola <Return> che peraltro era anticamente il nome del tasto ENTER. Per chi ha avuto la fortuna di usare vecchi computer come il Commodore 64 e simili, ricorderà che il tasto ENTER non esisteva ma esisteva il tasto RETURN) e quel tasto ENTER lo lega alla funzione **cambia**.

Quindi, se premiamo il tasto ENTER del computer, verrà eseguita la funzione **cambia**, ma solo se quando premo il tasto ENTER mi trovo all'interno della casella di testo, dato che quella funzione l'ho legata alla **caselladitesto**.

Ma forse solo pochi di voi avranno notato che nel programma ho aggiunto anche un'altra cosa, altrimenti il programma non funziona.

Riscrivo qui sotto il programma, ed evidenzio in verde la parola che forse non avete notato:

```python
from tkinter import *

def cambia(evento):
```

```python
    etichetta.configure(text=caselladitesto.get())

def togli():
    caselladitesto.delete(3,END)


gallina=Tk()
etichetta=Label(gallina,text="qui cambia il testo")
etichetta.pack()
caselladitesto=Entry(gallina)
caselladitesto.pack()
pulsante=Button(gallina,text="premi qui",command=cambia)
caselladitesto.focus_set()
caselladitesto.insert(0,"scrivi qui")
caselladitesto.configure(justify=CENTER)
caselladitesto.bind("<Return>",cambia)
pulsante.pack()
cancella=Button(gallina,text="elimina",command=togli)
cancella.pack()
```

In pratica ho inserito tra le parentesi tonde della funzione **cambia**, la parola **evento**.

Questa parola, permette alla funzione di ricevere il tasto che ho appena premuto. Infatti, sulla tastiera potrei premere qualsiasi tasto, e oltre a programmarlo con l'istruzione **bind**, devo farlo ricevere alla funzione, in modo che lei, se ne ho la necessità, possa elaborarlo. La parola **evento** è inventata, e ho usato questa specifica parola perché rende meglio l'idea di cosa voglio spiegare, ma voi potevate usare qualsiasi parola, come ad esempio **lavatrice** ;-)

Se avviate il programma, e dopo aver scritto qualcosa nella casella di testo, premete il tasto ENTER, verrà così avviata la funzione **cambia**.

Non mi addentro oltre nelle spiegazioni, perché come ho già detto, Tkinter è davvero vasto e complesso come modulo, e servirebbe un libro di centinaia di pagine per spiegare tutto.

Vediamo ora un altro componente utile, che è il **Checkbutton**, ovvero quel quadratino selezionabile, che ci permette di realizzare interfacce con diverse opzioni da poter scegliere. La parola Checkbutton è una parola inglese composta dalla parola check, che significa "controlla", e button che significa "pulsante", quindi il Checkbutton è definibile come "pulsante di controllo" ma per noi ha più senso chiamarla "casella di controllo".

Per usare un **Checkbutton** si usa le stesse regole imparate per gli altri componenti.

Ah, forse per il fatto che cerco sempre di scrivere con un linguaggio semplice, non tecnico, mi dimentico a volte di indicare comunque determinati termini tecnici che sono comunque utili da conoscere, per poi poter proseguire i vostri studi e ricerche in autonomia. Quindi penso di non aver mai accennato alla parola **widget**. Quello che io nel libro sto chiamando "i componenti", in realtà per Python e per Tkinter si chiamao "i widget".

Ma torniamo al nostro **Checkbutton** ed inseriamolo in un programma. Il modo basico è questo:

```
from tkinter import *

gallina=Tk()
casella=Checkbutton(gallina,text="seleziona qui")
casella.pack()
```

Se eseguiamo il programma, avremo questa visualizzazione:

Come potete notare, è stato inserito un checkbutton, con il testo "seleziona qui". La casella non è spuntata, cioè non è selezionata.

Se provate a premere nel checkbutton con il puntatore del mouse, la casella verrà spuntato o meno.

Quello che dobbiamo fare ora, è controllare e gestire questa selezione.

La prima cosa da aggiungere, è una variabile che si occuperà di contenere il valore della casella spuntata o meno.

Prima di tutto dobbiamo dichiarare una variabile, cioè dobbiamo dire a Python che vogliamo utilizzare una determinata variabile. Per questo esempio creo la variabile **lavatrice** e dirò a Python che questa variabile potrà contenere solo numeri. Aggiungo questa istruzione nel programma evidenziandola di giallo:

```
from tkinter import *

lavatrice=IntVar()
gallina=Tk()
casella=Checkbutton(gallina,text="seleziona qui")
casella.pack()
```

L'istruzione che ho inserito è **lavatrice=IntVar()**, dove IntVar significa IntegerVariable, ovvero variabile che può contenere numeri interi (senza decimali).

Ora devo dire al **Checkbutton** che può utilizzare quella variabile, per poter gestire il fatto che la casella sia spuntata o meno. Eccola evidenziata di giallo:

```
from tkinter import *

lavatrice=IntVar()
gallina=Tk()
casella=Checkbutton(gallina,text="seleziona qui",variable=lavatrice)
casella.pack()
```

Abbiamo aggiunto **variable=lavatrice**, ovvero abbiamo detto al Checkbutton che la **variable** (che tradotto in italiano significa "variabile") che deve usare è **lavatrice**.

Ora che abbiamo definito il Checkbutton, possiamo decidere quando verificare il valore di quel Checkbutton.

Possiamo inserire un pulsante, e fare in modo che quando premiamo il pulsante, Python controlla se il Checkbutton è selezionato o meno.

Quello di programmare il pulsante lo sapete fare, quindi per questo esempio, programmerò il Checkbutton, cioè farò controllare il suo valore quando gli premiamo sopra.

Per fare questo, useremo la stessa istruzione **command** usata anche per il pulsante, che farà passare il programma alle funzioni. Creiamo una funzione che chiameremo **controlla**, e questa funzione verrà chiamata quando premeremo sul Checbutton. Ecco in giallo evidenziate le istruzioni aggiunte:

from tkinter import *

```
def controlla():
    print (lavatrice.get())

lavatrice=IntVar()
gallina=Tk()
casella=Checkbutton(gallina,text="seleziona qui",variable=lavatrice,command=controlla)
casella.pack()
```

Le istruzioni aggiunte sono **command=controlla**, che così come avveniva per i pulsanti, farà saltare Python alla funzione **controlla**, se premeremo sul Checkbutton.

Poi abbiamo aggiunto appunto la funzione **controlla** in cui abbiamo detto a Python di scrivere, tramite l'istruzione **print**, il valore della variabile **lavatrice**.

Come potete notare, non posso dire a Python:

print (lavatrice)

perché avrei un errore. Ma devo dire a Python:

print (lavatrice.get())

che contiene l'istruzione **get()** che significa "preleva il valore dentro la variabile lavatrice".

IMPORTANTE: se eseguiamo questo programma avremo un errore. Questo accade perché abbiamo dichiarato la variabile lavatrice prima che venga creata la finestra. Ricordatevi quindi di dichiarare le variabili da usare con i controlli (widget) delle finestre, dopo aver creato la finestra da usare. Ecco il programma, prima scritto in modo errato, e poi in modo corretto, evidenziando l'istruzione spostata:

SCRITTO IN MODO ERRATO

```python
from tkinter import *

def controlla():
    print (lavatrice.get())

lavatrice=IntVar()
gallina=Tk()
casella=Checkbutton(gallina,text="seleziona qui",variable=lavatrice,command=controlla)
casella.pack()
```

SCRITTO IN MODO CORRETTO

```python
from tkinter import *

def controlla():
    print (lavatrice.get())

gallina=Tk()
lavatrice=IntVar()
casella=Checkbutton(gallina,text="seleziona qui",variable=lavatrice,command=controlla)
casella.pack()
```

Se ora provate ad eseguire il programma, noterete che quando mettiamo la spunta (cioè selezioniamo) nella casella, Python scriverà nel suo terminale, il valore 1, mentre se deselezioniamo (togliamo la spunta) la casella, Python scriverà nel terminale il valore 0.

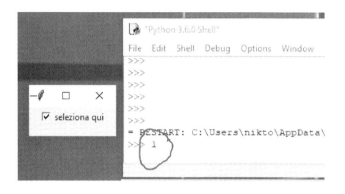

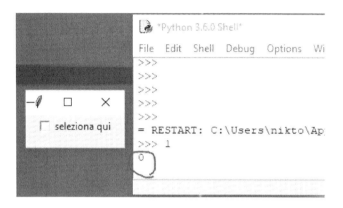

Per la prima volta, in questo libro, abbiamo usato istruzioni di base del Python, cioè l'istruzione **print**, in modo da farvi capire che possiamo usare Tkinter per creare un'interfaccia grafica, ma far poi eseguire istruzioni e comandi testuali da elaborare sul terminale, facendo apparire o meno finestre grafiche all'occorrenza, tutto in base al progetto che dovete realizzare.

Ma il Checkbutton non imposta solo i valori 0 e 1 in base alla spunta della casella, perché ci permette anche di personalizzare quei valori.
Supponiamo di voler realizzare un software in cui dobbiamo far inserire i dati di una persona, e poi magari dobbiamo mettere alcune spunte in base a caratteristiche che questa persona ha, come ad esempio, se parla la lingua inglese.

Cambiamo quindi il nostro programma, aggiungendo le istruzioni mancanti che evidenzierò in giallo, e vi evidenzio anche le istruzioni modificate in colore verde:

```
from tkinter import *

def controlla():
    print (lavatrice.get())

gallina=Tk()
lavatrice=StringVar()
casella=Checkbutton(gallina,text="parla
inglese",variable=lavatrice,onvalue="si",offvalue="no",command=controlla)
casella.pack()
```

Lo so, non si legge bene, ma ho scritto in dimensioni molto piccole per farvi vedere le singole righe quali istruzioni contengono. Ora riscrivo lo stesso programma, con le stesse colorazioni, ma con carattere più grande, ma ora sarete in grado di capire che se anche sarà disposto su più righe, in realtà la riga in cui scrivo **casella=Checkbutton**... a causa dei margini stretti, continuerà nella riga successiva, ma voi dovrete scriverla tutta su una riga.

```
from tkinter import *

def controlla():
    print (lavatrice.get())

gallina=Tk()
```

```
lavatrice=StringVar()
casella=Checkbutton(gallina,text="parla
inglese",variable=lavatrice,onvalue="si",offvalue="no",command=controlla)
casella.pack()
```

Prima di tutto notiamo che ho impostato **lavatrice** come variabile stringa e non come variabile numerica. Infatti l'istruzione **StringVar()** permetterà di inserire nella variabile **lavatrice** del testo, anziché dei numeri.

Poi ho cambiato il testo da far visualizzare nel Checkbutton, con la frase "parla inglese", dato che nel programma è questo che voglio sapere dall'utente.

Infine ho aggiunto due nuove istruzioni che sono:

onvalue="si"

offvalue="no"

Le istruzioni **onvalue** e **offvalue** sono

due istruzioni composte entrambe da due parole, da **on** che significa "acceso" e da **value** che significa "valore", e poi **off** che significa "spento" e sempre **value** che significa "valore".

In pratica abbiamo detto al Checkbutton, che se il valore della casella è **on**, cioè acceso, o meglio, se è spuntato, allora dentro la variabile deve mettere la parola "si", mentre se la casella è **off**, cioè spento o mengio, non spuntato, allora metterà nella variabile la parola "no". Avrò così all'interno della variabile **lavatrice** le parole o "si", oppure "no", che mi saranno facili da usare per gestire il mio programma, magari con istruzioni di condizione di tipo **if**, oppure **while**, ecc...

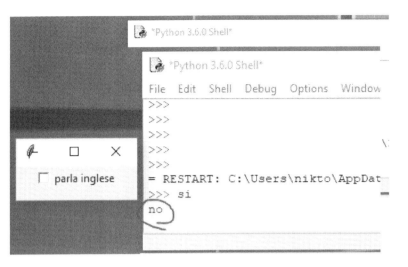

Altra istruzione utile con il Checkbutton sono le istruzioni **select()** oppure **deselect()** che permettono di forzare la casella rispettivamente su "selezionato" o "deselezionato".

Se ad esempio, volete che quando avviate il programma, volete che la casella risulti già selezionata, si usa scrivere così:

```
from tkinter import *

gallina=Tk()
casella=Checkbutton(gallina,text="parla inglese")
casella.pack()
casella.select()
```

Nell'esempio sopra ho impostato, forzandola, la casella in modo che sia flaggata, selezionata, spuntata, insomma, chiamatela come volete ;-)

Ora vediamo un altro componente (widget) interessante. E' la **Listbox**, che è una parola composta da **List** che equivale a "lista" e **box** che equivale a "quadrato", "scatola".
In pratica la **Listbox** è una scatola che contiene una lista.
La lista contenuta, sarà selezionabile.

Prima di tutto vediamo le istruzioni di base per inserire una **Listbox** nel nostro programma.

```
from tkinter import *

gallina=Tk()
lista=Listbox(gallina)
lista.pack()
```

Nell'esempio sopra la **Listbox** l'ho chiamata **lista,** in modo da essere più comprensibile la sua funzione.

Se eseguiamo questo programma, apparirà questo:

In pratica abbiamo uno spazio bianco (detto "box") dove dobbiamo inserire i valori della lista.

Per inserirli si usa l'istruzione **insert()** indicano dove e cosa inserire.

Per i nostro esempio, inseriremo dentro delle parole che rappresentano i numeri.

```python
from tkinter import *

gallina=Tk()
lista=Listbox(gallina)
lista.insert(END,"uno")
lista.pack()
```

Questa istruzione, inserisce alla fine della lista, la parola "uno". Infatti END significa "fine". Dobbiamo sempre specificare dove vogliamo inserire il valore.

Ecco cosa appare se eseguiamo il programma:

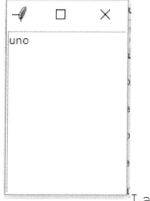

La parola "uno", è selezionabile. Infatti, se premiamo sopra la parola "uno" con il puntatore del mouse, questa parola verrà evidenziata:

Se vogliamo aggiungere un altro valore, magari il valore "due", possiamo inserirlo con un'istruzione identica, dicendo a Python che vogliamo inserirla alla fine della lista:

```
from tkinter import *

gallina=Tk()
lista=Listbox(gallina)
lista.insert(END,"uno")
lista.insert(END,"due")
lista.pack()
```

Ecco il risultato:

Ora possiamo selezionare, distintamente,

una o l'altra parola.

Se vogliamo aggiungere più elementi con una sola istruzione, possiamo scrivere:

```
from tkinter import *

gallina=Tk()
lista=Listbox(gallina)
lista.insert(END,"uno")
lista.insert(END,"due")
lista.insert(END,"tre","quattro","cinque")
lista.pack()
```

In questo modo vedremo:

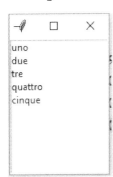

Se poi dobbiamo inserire un altro valore in una determinata posizione della lista, è sufficiente indicare un numero che indichi in quale posizione vogliamo inserirla, ricordandoci che gli elementi partono contando da zero.

Quindi, se dopo aver inserito diversi elementi, ne voglio inserire uno prima di tutti, scriverò così:

```
from tkinter import *

gallina=Tk()
lista=Listbox(gallina)
lista.insert(END,"uno")
lista.insert(END,"due")
lista.insert(END,"tre","quattro","cinque")
lista.insert(0,"inizio")
lista.pack()
```

e otterremo questo risultato:

Così come possiamo inserire un elemento nella lista, è anche possibile eliminarlo, scrivendo semplicemente:

lista.delete(3,4)

che significa "elimina dalla Listbox che si chiama **lista**, tutti gli elementi dal 3° al 4°.

Ma ora vediamo come ottenere il valore selezionato con il mouse. In questo caso non possiamo usare l'istruzione **command** che usiamo con altri componenti (widget).

Per fare questo, dobbiamo usare l'istruzione **bind()**, che come già detto in questo libro, ci permette di catturare un evento della tastiera o del mouse. In questo esempio specifico, con l'istruzione **bind()** cattureremo l'evento "pressione tasto sinistro del mouse". Questo evento è definito dal comando **<ButtonRelease-1>**

Aggiungiamo l'istruzione al programma:

```
from tkinter import *

gallina=Tk()
lista=Listbox(gallina)
lista.insert(END,"uno")
lista.insert(END,"due")
lista.insert(END,"tre","quattro","cinque")
lista.insert(0,"inizio")
lista.pack()
lista.bind("<ButtonRelease-1>",scrivi)
```

L'istruzione che abbiamo aggiunto, cattura la pressione del tasto sinistro del mouse, e se verrà premuto il tasto sinistro del mouse, verrà eseguita la funzione **scrivi**.

Non ho però ancora aggiunto questa funzione. Aggiungiamola ora:

```python
from tkinter import *

def scrivi(evento):
    print (lista.curselection())

gallina=Tk()
lista=Listbox(gallina)
lista.insert(END,"uno")
lista.insert(END,"due")
lista.insert(END,"tre","quattro","cinque")
lista.insert(0,"inizio")
lista.pack()
lista.bind("<ButtonRelease-1>",scrivi)
```

RICORDIAMOCI che la funzione, in questo caso, deve contenere una variabile, dato che è stata richiamata dall'istruzione **bind**, che cattura la pressione di un tasto della tastiera o del mouse.

Nel mio caso ho dato come nome di variabile, la parola **evento**.

Non useremo quella variabile, dato che non ci interessa elaborare l'evento, ma è indispensabile inserire quella variabile (che voi potete chiamare come volete).

Poi troviamo l'istruzione:

print (lista.curselection())

che significa: "scrivi sullo schermo la selezione corrente", ovvero "scrivi ciò che ho selezionato".

Chiaramente Python scriverà nel suo terminale.

Proviamo ad eseguire il programma, e premiamo sulla scritta "tre".

Selezionando la parola "tre", viene scritto con **print** il valore **(3,)**.

Questa è una lista Python, che contiene più cose, mentre a noi serve solo il numero che corrisponde alla posizione in cui si trova la scritta selezionata.

Per estrapolare quel numero, usiamo la tecnica delle parentesi quadre, con il numero della prima colonna di valori.

Ecco il programma corretto:

```python
from tkinter import *

def scrivi(evento):
    print (lista.curselection()[0])

gallina=Tk()
lista=Listbox(gallina)
lista.insert(END,"uno")
lista.insert(END,"due")
lista.insert(END,"tre","quattro","cinque")
lista.insert(0,"inizio")
lista.pack()
lista.bind("<ButtonRelease-1>",scrivi)
```

Ma se volessimo prelevare direttamente il valore selezionato, anziché la sua posizione?

Si, possiamo farlo, e dobbiamo modificare il programma in questo modo:

```python
from tkinter import *

def scrivi(evento):
    x=lista.curselection()[0]
    print (lista.get(x))

gallina=Tk()
lista=Listbox(gallina)
lista.insert(END,"uno")
lista.insert(END,"due")
lista.insert(END,"tre","quattro","cinque")
lista.insert(0,"inizio")
lista.pack()
lista.bind("<ButtonRelease-1>",scrivi)
```

Come al solito, ho evidenziato le istruzioni aggiunte e/o modificate.

In pratica abbiamo usato una nuova variabile che ho chiamato **x,** e dentro ci abbiamo messo le istruzioni che prelevano la posizione del testo selezionato.

Infine troviamo l'istruzione **print**

(lista.get(x)) che dice a Python: "Hey Python, dalla Listbox che si chiama **lista**, preleva **(get)** il valore che si trova alla posizione **x**".

Ecco che se ora eseguiamo il programma, e proviamo a premere sull'elemento "tre" della lista, otterremo questo risultato:

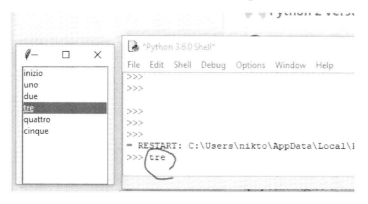

Anche la **Listbox** ha numerose altre funzionalità e opzioni, ma come già detto non sono in grado essere esaustivo, ma di dare le basi per lavorare con Tkinter e per poi proseguire da soli a studiare su altri testi o siti internet, capendo meglio ciò che troverete spiegato.

Ora impariamo ad usare il **Radiobutton**, che ci permette di creare duna lista di opzioni, selezionabili mediante la spunta su un singolo elemento.

Infatti è un componente (widget) simile al Checkbutton visto in precedenza, ma in questo caso, è possibile selezionare solo un'opzione.

Vediamo come inserirlo nel nostro programma:

```
from tkinter import *

gallina=Tk()
scelta1=Radiobutton(gallina,text="maschile")
scelta1.pack()
```

Se eseguiamo questo programma, avremo questo risultato:

Come potete notare, abbiamo il testo "maschile" con un cerchietto vicino, che è selezionato e non può essere deselezionato.

Infatti, il **Radiobutton** prevede l'inserimento di almeno due scelte o più.
Inseriamone quindi un'altra.

```python
from tkinter import *

gallina=Tk()
scelta1=Radiobutton(gallina,text="maschile")
scelta1.pack()
scelta2=Radiobutton(gallina,text="femminile")
scelta2.pack()
```

Se eseguiamo il programma, avremo questo risultato:

Se provate a deselezionarne uno, non riuscirete, perché i **Radiobutton** che abbiamo inserito è come se fossero in errore, cioè non hanno ancora tutte le istruzioni necessarie.

Difatti dobbiamo impostare un valore per ognuno dei **Radiobutton.** Per farlo, useremo l'istruzione **value** come mostrato qui sotto:

```
from tkinter import *

gallina=Tk()
scelta1=Radiobutton(gallina,text="maschile",value=1)
scelta1.pack()
scelta2=Radiobutton(gallina,text="femminile",value=2)
scelta2.pack()
```

Ora se avviamo il programma, avremo solo

una opzione selezionata.

Inoltre possiamo scegliere una o l'altra opzione, ma mai tutte e due insieme.

NOTA BENE: nell'istruzione **value** ho usato dei numeri, ma se volete potete usare delle stringhe, ma ricordate di metterle tra virgolette. Ad esempio: **value="m"**, oppure **value="rosso"**, ecc…

Il **Radiobutton** ha però bisogno ancora di altre istruzioni, per funzionare correttamente. Ha bisogno di una variabile da gestire, per contenere il valore scelto.

Dato che nell'istruzione **value** abbiamo usato dei numeri, creiamo una variabile numerica. (Se con **value** avessimo usato delle stringhe, allora avremmo dovuto creare una variabile stringa). <u>Ricordate di creare la variabile dopo aver creato la finestra **gallina**, e non prima.</u>

Ecco il programma con l'aggiunta della variabile:

```
from tkinter import *

gallina=Tk()
valore=IntVar()
scelta1=Radiobutton(gallina,text="maschile",value=1)
scelta1.pack()
scelta2=Radiobutton(gallina,text="femminile",value=2)
scelta2.pack()
```

Useremo la variabile **valore** per contenere la scelta fatta dall'utente. Se l'utente sceglierà "maschile", dobbiamo far inserire il **value** 1 nella variabile **valore**. Se scegliamo "femminile", inseriremo invece il **value**

2.

Però manca ancora un'ultima cosa, dobbiamo dire ai due **Radiobutton** che la scelta dell'utente deve essere inserita nella variabile **valore**. Ecco come fare:

```python
from tkinter import *

gallina=Tk()
valore=IntVar()
scelta1=Radiobutton(gallina,text="maschile",variable=valore,value=1)
scelta1.pack()
scelta2=Radiobutton(gallina,text="femminile",variable=valore,value=2)
scelta2.pack()
```

In pratica abbiamo aggiunto l'istruzione **variable** che serve a dire al **Radiobutton**a quale variabile è collegata la scelta di quel **Radiobutton**. Entrambi i **Radiobutton** devono essere associati alla variabile **valore**.

Abbiamo creato correttamente i **Radiobutton**. Ora non ci resta che creare un pulsante, con il quale, alla pressione, ci faremo dire quale scelta è stata fatta.

Aggiungiamo un pulsante.

```
from tkinter import *

gallina=Tk()
valore=IntVar()
scelta1=Radiobutton(gallina,text="maschile",variable=valore,value=1)
scelta1.pack()
scelta2=Radiobutton(gallina,text="femminile",variable=valore,value=2)
scelta2.pack()
tasto=Button(gallina,text="premi qui")
tasto.pack()
```

Ora creiamo una funzione che ci permetterà di mostrare la scelta fatta tra i **Radiobutton**.

```
from tkinter import *

def esegui():
    print (valore.get())

gallina=Tk()
valore=IntVar()
scelta1=Radiobutton(gallina,text="maschile",variable=valore,value=1)
scelta1.pack()
```

```
scelta2=Radiobutton(gallina,text="femminile",variable=valore,value=2)
scelta2.pack()
tasto=Button(gallina,text="premi qui",command=esegui)
tasto.pack()
```

Come avrete notato, ho dovuto anche aggiungere l'istruzione **command** al **Button**, per permettergli di chiamare la funzione **esegui** quando verrà premuto.

Nella funzione troviamo l'istruzione:
print (valore.get())
che scriverà sullo schermo ciò che è contenuto nella variabile **valore** prelevato grazie all'istruzione **get()** che significa appunto "preleva".

Se eseguiamo il programma, selezioniamo "femminile" e poi premiamo sul pulsante, vedremo che verrà scritto nel terminale il numero **2** che è il valore associato a quell'opzione.

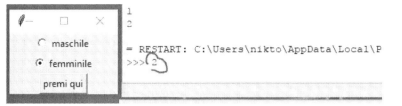

Altro componente (widget) davvero interessante ed utile è lo **Scale**. Lo **Scale** è inteso come una barra, scalata da valori, insomma, una specie di termometro, di metro, di misuratore.

Creiamolo subito, in modo da vedere sullo schermo come si presenta:

```
from tkinter import *

gallina=Tk()
metro=Scale(gallina,from_=0,to=10)
metro.pack()
```

Inserire uno **Scale** è semplice, vanno usate di base solo le istruzioni **from_** e **to,** che tradotto in italiano significa:

da a, ovvero da un valore di partenza a un valore di arrivo.

ATTENZIONE che l'istruzione **from_** va scritta con l'underscore (il segno del sottolineato).

Nell'esempio che ho realizzato sopra, avremo uno **Scale** che parte dal valore 0 e arriva fino al valore 10. Eccolo:

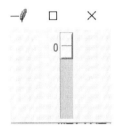

Con il mouse è possibile modificare il valore, facendo scorrere il selettore, tra i valori 0 e 10.

Se vogliamo che lo **Scale** sia posizionato in orizzontale, dobbiamo aggiungere l'istruzione **orient**, che equivale ad "orientamento".

```
from tkinter import *

gallina=Tk()
metro=Scale(gallina,from_=0,to=10,orient=HORIZONTAL)
metro.pack()
```

Quindi, le opzioni possibili sono HORIZONTAL o VERTICAL, scritto tutto in maiuscolo.

Per prelevare il valore che è stato selezionato, possiamo usare il solito e utile pulsante, a cui faremo prelevare appunto il valore dello **Scale**, attraverso l'istruzione **get()**

```
from tkinter import *

def esegui():
```

```
    print(metro.get())

gallina=Tk()
metro=Scale(gallina,from_=0,to=10,orient=HORIZONTAL)
metro.pack()
tasto=Button(gallina,text="premi qui",command=esegui)
tasto.pack()
```

Inoltre possiamo impostare un determinato valore a cui lo **Scale** dovrà trovarsi, appena avviato il programma. Nell'esempio sotto viene impostato il valore 2:

```
from tkinter import *

def esegui():
    print(metro.get())

gallina=Tk()
metro=Scale(gallina,from_=0,to=10,orient=HORIZONTAL)
metro.pack()
tasto=Button(gallina,text="premi qui",command=esegui)
tasto.pack()
metro.set(2)
```

Con Tkinter possiamo anche inserire dei disegni grafici, e per farlo abbiamo bisogno del componente **Canvas** che in italiano significa "tela". Infatti il **Canvas** è utilizzabile come una tela da disegno.

Prima di tutto inseriamo il **Canvas** nel programma:

```
from tkinter import *

gallina=Tk()
tela=Canvas(gallina,width=300,height=300)
tela.pack()
```

Quando inseriamo il **Canvas,** dobbiamo impostargli le dimensioni di larghezza ed altezza. E difatti noi abbiamo impostato 300 pixel di larghezza (width) e 300 pixel di larghezza (height).

Ecco come appare la finestra:

In pratica, sulla finestra, è stata inserita una tela, trasparente, dove possiamo disegnare.

Iniziamo a creare una linea usando **create_line** che significa appunto "crea linea". Poi inseriamo le coordinate del punto x e del punto y, dove far partire la linea e dove farla arrivare.
Nell'esempio che vedremo sotto, la linea viene creata partendo dal punto di

origine alle coordinate 0,0 e arrivando fino al punto terminale 10,70.

```python
from tkinter import *

gallina=Tk()
tela=Canvas(gallina,width=300,height=300)
tela.pack()
tela.create_line(0,0,10,70)
```

Ecco come appare la linea all'interno della finestra:

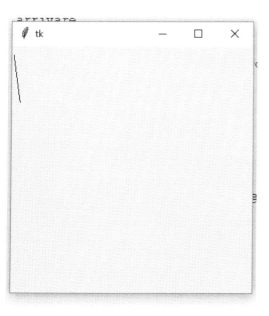

Possiamo creare altre linee. Se ad esempio vogliamo creare una linea che parte dalla fine della linea precedente, chiaramente dovremo impostare come punto di partenza, la fine della linea precedente.

Vediamo l'esempio:

```
from tkinter import *

gallina=Tk()
tela=Canvas(gallina,width=300,height=300)
tela.pack()
tela.create_line(0,0,10,70)
tela.create_line(10,70,95,30)
```

Ecco la nuova linea sullo schermo, che prosegue quella precedente:

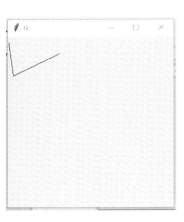

Se volevamo colorare una linea in un determinato colore, ad esempio il rosso, possiamo mettere l'istruzione **fill** dentro l'istruzione per creare la linea.

```
from tkinter import *

gallina=Tk()
tela=Canvas(gallina,width=300,height=300)
tela.pack()
tela.create_line(0,0,10,70,fill="red")
tela.create_line(10,70,95,30)
```

Ecco come appare sullo schermo:

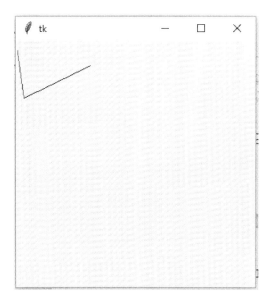

Se invece vogliamo cambiare lo spessore del tratto, allora dobbiamo usare l'istruzione **width**, che in questo caso significa sempre "larghezza", ma intesa come "spessore".

Nell'esempio sotto imposto uno spessore della prima linea di 5 pixel.

from tkinter import *

```
gallina=Tk()
tela=Canvas(gallina,width=300,height=300)
tela.pack()
tela.create_line(0,0,10,70,fill="red",width=5)
tela.create_line(10,70,95,30)
```

Ecco come appare:

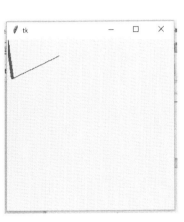

Inoltre è possibile impostare un tipo di tratto uniforme, come quello usato fino ad ora, oppure tratteggiato, mediante l'uso dell'istruzione **dash,** che in italiano significa "trattino".

Nell'esempio sotto imposto un tratteggio

sulla seconda linea:

```
from tkinter import *

gallina=Tk()
tela=Canvas(gallina,width=300,height=300)
tela.pack()
tela.create_line(0,0,10,70,fill="red",width=5)
tela.create_line(10,70,95,30,dash=2)
```

Ed ecco come appare sullo schermo:

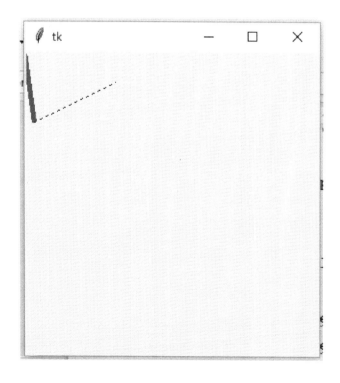

Dopo aver capito come funziona la creazione di una linea, lo stesso vale per la creazione di un rettangolo o quadrato. Per farlo si usa l'istruzione **create_rectangle**.

```
from tkinter import *

gallina=Tk()
tela=Canvas(gallina,width=300,height=300)
tela.pack()
tela.create_line(0,0,10,70,fill="red",width=5)
tela.create_line(10,70,95,30,dash=2)
tela.create_rectangle(20,20,80,80)
```

Ecco come appare sullo schermo.

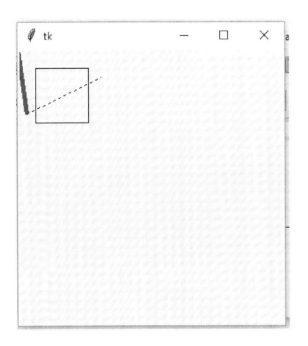

ATTENZIONE solo per un'istruzione che funziona in modo differente dalla linea, ed è l'istruzione **fill**. Nel caso della linea, l'istruzione **fill** permetteva di impostare il colore della penna che disegna la linea. Nel caso del rettangolo, invece, l'istruzione **fill** colora l'interno del quadrato/rettangolo:

```
from tkinter import *

gallina=Tk()
tela=Canvas(gallina,width=300,height=300)
tela.pack()
tela.create_line(0,0,10,70,fill="red",width=5)
tela.create_line(10,70,95,30,dash=2)
tela.create_rectangle(20,20,80,80,fill="blue")
```

Ecco come appare:

Per disegnare il rettangolo vero e
proprio, ovvero il suo perimetro, con
colore a piacere, bisogna usare
l'istruzione **outline** che è una parola

composta da **out** che significa "esterno" e **line** che significa "linea". In pratica si imposta il colore della linea esterna. Volete chiamarla, bordo? Chiamatela così. Volete chiamarlo perimetro? Chiamatelo così.

Insomma, chiamatelo come vi pare, tanto fa sempre la stessa cosa. (Pensate che io lo chiama "lavatrice" e fa la stessa cosa che chiamarlo "perimetro" :-))

```python
from tkinter import *

gallina=Tk()
tela=Canvas(gallina,width=300,height=300)
tela.pack()
tela.create_line(0,0,10,70,fill="red",width=5)
tela.create_line(10,70,95,30,dash=2)
tela.create_rectangle(20,20,80,80,fill="blue",outline="red")
```

Quindi ho colorato l'interno del quadrato/rettangolo in blu e il suo perimetro in rosso.

Ora invece disegniamo un semplice cerchio. Per farlo useremo l'istruzione **create_oval**, che significa "crea ovale", perché con questa istruzione, in base ai valori che daremo, ci permetterà di disegnare un ovale o cerchio.

```
from tkinter import *

gallina=Tk()
tela=Canvas(gallina,width=300,height=300)
tela.pack()
tela.create_line(0,0,10,70,fill="red",width=5)
tela.create_line(10,70,95,30,dash=2)
tela.create_rectangle(20,20,80,80,fill="blue",o
utline="red")
tela.create_oval(80,120,60,30)
```

L'istruzione **create_oval** prevede almeno 4 parametri che sono: i primi due numeri le coordinate del punto di origine, mentre il terzo numero è la lunghezza del diametro verticale, e il quarto numero è la larghezza del diametro orizzontale.

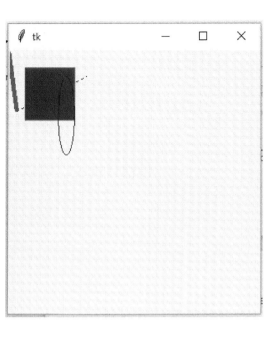

Anche per l'ovale, vale la stessa regola del rettangolo per quanto riguarda i colori. L'istruzione **fill** colora l'area dell'ovale, mentre **outline** colora il tratto della circonferenza.

```
from tkinter import *

gallina=Tk()
tela=Canvas(gallina,width=300,height=300)
tela.pack()
tela.create_line(0,0,10,70,fill="red",width=5)
tela.create_line(10,70,95,30,dash=2)
```

```
tela.create_rectangle(20,20,80,80,fill="blue",o
utline="red")
tela.create_oval(80,120,60,30,fill="yellow",out
line="red")
```

Ecco come appare:

Possiamo anche disegnare un poligono, ovvero possiamo disegnare dal triangolo fino al poligono con quanti lati volete voi. Dovete solo scrivere le coordinate x,y di ogni punto della linea, quindi minimo dovrete scrivere 6 numeri, che sono le coordinate x,y di almeno un triangolo.

Per quanto riguarda l'impostazione dei colori, vale la regola usata per ovale e rettangolo.

```python
from tkinter import *

gallina=Tk()
tela=Canvas(gallina,width=300,height=300)
tela.pack()
tela.create_line(0,0,10,70,fill="red",width=5)
tela.create_line(10,70,95,30,dash=2)
tela.create_rectangle(20,20,80,80,fill="blue",outline="red")
tela.create_oval(80,120,60,30,fill="yellow",outline="red")
tela.create_polygon(10,10,140,40,120,150,70,180)
```

Ecco come appare:

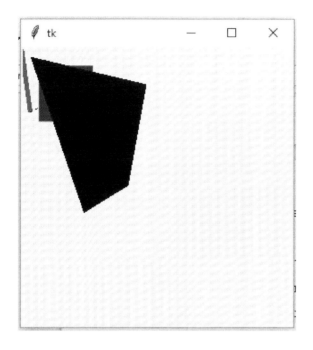

Possiamo anche inserire del testo dentro il **Canvas** (tela). Non possiamo inserire una **Label** o altri componenti dentro il **Canvas** perché il **Canvas** si occupa solo di grafica.

Però per il **Canvas** esiste l'istruzione **create_text** che permette di inserire del testo, come elemento grafico, nella posizione che volete voi. Ecco un esempio:

```
from tkinter import *

gallina=Tk()
tela=Canvas(gallina,width=300,height=300)
tela.pack()
tela.create_line(0,0,10,70,fill="red",width=5)
tela.create_line(10,70,95,30,dash=2)
tela.create_rectangle(20,20,80,80,fill="blue",outline="red")
tela.create_oval(80,120,60,30,fill="yellow",outline="red")
tela.create_polygon(10,10,140,40,120,150,70,180)
tela.create_text(90,200,text="ciao a tutti")
```

Come avete notato è sufficiente indicare le coordinate x ed y dove dovrà essere centrato il testo da scrivere, e poi con l'opzione **text** dobbiamo indicare tra virgolette il testo da scrivere.

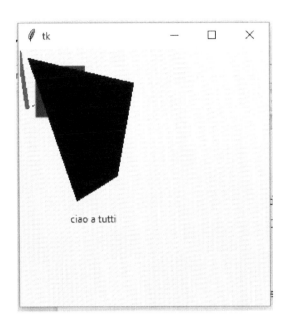

Con **fill** possiamo impostare il colore
del testo.

```
from tkinter import *

gallina=Tk()
tela=Canvas(gallina,width=300,height=300)
tela.pack()
tela.create_line(0,0,10,70,fill="red",width=5)
tela.create_line(10,70,95,30,dash=2)
tela.create_rectangle(20,20,80,80,fill="blue",o
utline="red")
```

```
tela.create_oval(80,120,60,30,fill="yellow",out
line="red")
tela.create_polygon(10,10,140,40,120,150,70,180
)
tela.create_text(90,200,text="ciao          a
tutti",fill="blue")
```

Invece con **width** possiamo impostare o spazio orizzontale per scrivere. Cerco di spiegarmi meglio. Se imposto un **width** di 30 pixel, significa che se il testo da scrivere occupa più di 30 pixel, allora le parole o lettere verranno messe a capo, per non andare mai oltre il margine di 30 pixel.

Ecco un esempio:

```
from tkinter import *

gallina=Tk()
tela=Canvas(gallina,width=300,height=300)
tela.pack()
tela.create_line(0,0,10,70,fill="red",width=5)
```

```
tela.create_line(10,70,95,30,dash=2)
tela.create_rectangle(20,20,80,80,fill="blue",o
utline="red")
tela.create_oval(80,120,60,30,fill="yellow",out
line="red")
tela.create_polygon(10,10,140,40,120,150,70,180
)
tela.create_text(90,200,text="ciao          a
tutti",fill="blue",width=30)
```

E questo è come appare il testo:

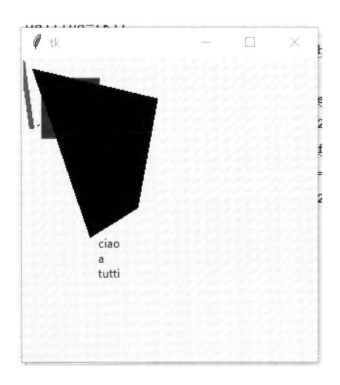

Possiamo anche cambiare il tipo di font, usando proprio l'istruzione **font**. Impostiamo il font Courier per l'esempio sotto:

```
from tkinter import *

gallina=Tk()
tela=Canvas(gallina,width=300,height=300)
tela.pack()
tela.create_line(0,0,10,70,fill="red",width=5)
tela.create_line(10,70,95,30,dash=2)
tela.create_rectangle(20,20,80,80,fill="blue",outli
ne="red")
tela.create_oval(80,120,60,30,fill="yellow",outline
="red")
tela.create_polygon(10,10,140,40,120,150,70,180)
tela.create_text(90,200,text="ciao                 a
tutti",font="Courier")
```

Ecco come appare:

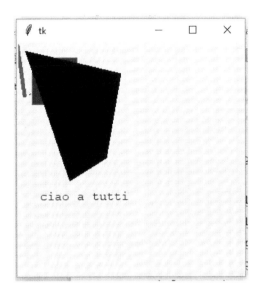

Se invece vogliamo cambiare le dimensioni del testo, dobbiamo sempre inserirle nell'istruzione **font**, ma mettendolo tra parentesi con il nome del font, come nell'esempio sotto:

```
from tkinter import *

gallina=Tk()
tela=Canvas(gallina,width=300,height=300)
tela.pack()
```

```
tela.create_line(0,0,10,70,fill="red",width=5)
tela.create_line(10,70,95,30,dash=2)
tela.create_rectangle(20,20,80,80,fill="blue",outli
ne="red")
tela.create_oval(80,120,60,30,fill="yellow",outline
="red")
tela.create_polygon(10,10,140,40,120,150,70,180)
tela.create_text(90,200,text="ciao                a
tutti",font=("Courier",18))
```

Ed ecco il nostro testo modificato di dimensione:

La parte grafica di Tkinter ha davvero tante altre opzioni, che come già detto più volte nel libro, risulta difficile, per chi vi scrivere, dare spiegazioni complete e precise. Come sempre vi invito ad approfondire gli argomenti su altri libri o siti Internet.

Proseguiamo ora a vedere un aspetto fondamentale che serve alla realizzazione dei nostri software, ovvero la barra dei menu. Anche Tkinter ci permette di creare dei menu a piacere, per le nostre esigenze.

Creare un menu è altrettanto semplice, ma bisogna capire i vari passaggi per saperci lavorare, quindi procederemo inserendo un'istruzione per volta.

Per prima cosa, dopo aver creato la

nostra finestra **gallina** (ndr avete notato che non ho più cambiato il nome della finestra, tenendo la parola **gallina** che nulla ha a che vedere con Tkinter, Python e la programmazione in genere? Beh, ormai è andata così...sopportate ;-)). Dicevamo, che dopo aver creato la nostra finestra **gallina**, dobbiamo dire a Tkinter che vogliamo creare un menu a discesa. Per farlo useremo l'istruzione **Menu.**

```
from tkinter import *


gallina=Tk()
trasparente=Menu(gallina)
```

Come vedete il **Menu** è collegato alla finestra **gallina**, dato che potrei avere più finestre; inoltre ho dovuto dare un nome a questo menu, e per semplificare la mia spiegazione, ho deciso di chiamarlo **trasparente**, perché difatti, questo menu è invisibile. Se avviate il programma non vedrete nulla.

Sarà come un'entità, una specie di pellicola, dove noi ci attaccheremo sopra i menu veri e propri.

Ora che abbiamo collegato virtualmente questo menu alla finestra **gallina**, dobbiamo posizionarlo materialmente sopra. Per farlo, useremo l'istruzione **config** (che significa "configura"):

```
from tkinter import *

gallina=Tk()
trasparente=Menu(gallina)
gallina.config(menu=trasparente)
```

In questo caso abbiamo configurato che il menu **trasparente** va messo come menu della finestra **gallina**.

Se avviate il programma, anche ora non vedrete nulla, perché vedreste solo il menu **trasparente**, che come ho giustamente nominato, è trasparente e non si vede.

Ora, su questo menu trasparente che si chiama **trasparente**, dobbiamo attaccargli i vari menu a discesa. Avete presente i classici menu a discesa che solitamente si chiamano "File", "Modifica", "Visualizza", ecc... Ecco, noi dobbiamo attaccargli i nostri menu.

Attacchiamo il classico menu "File". Per farlo, usiamo nuovamente l'istruzione **Menu**.

```
from tkinter import *

gallina=Tk()
trasparente=Menu(gallina)
gallina.config(menu=trasparente)
```

`primo_menu=Menu(trasparente)`

Nell'esempio sopra, ho dato un nome a questo menu e l'ho chiamato **primo_menu**, dato che poi ne creeremo un altro per capire meglio l'uso di queste istruzioni.

Come potete notare, questa istruzione è uguale (cambiano solo i nomi) a quella con cui abbiamo creato il menu **trasparente**.

Capirete ora che il menu **trasparente** è un menu di base, una sorta di menu padre, mentre il menu **primo_menu** è come se fosse un figlio del menu **trasparente**. Il menu **trasparente** può avere più figli, e quindi più menu collegati.

Anche in questo caso, se avviamo il programma, non succederà nulla, perché anche il **primo_menu** è trasparente.

Finalmente ora facciamo apparire il menu "File", con l'istruzione **add_cascade** che potrebbe essere tradotta in "aggiungi" (**add**) "a cascata" (**cascade**).

La sintassi per inserire questa istruzione è la seguente:

```
nome_menu_padre(label="nome_da_dare_al_menu",menu=nome_menu_figlio)
```

Considerata questa sintassi, possiamo capire che per il nostro programma:
nome_menu_padre è il menu **trasparente**
nome_da_dare_al_menu è il nome "**File**"
nome_menu_figlio è il menu **primo_menu**

Aggiungiamo ora questa istruzione al programma:

```
from tkinter import *

gallina=Tk()
```

```
trasparente=Menu(gallina)
gallina.config(menu=trasparente)
primo_menu=Menu(trasparente)
trasparente.add_cascade(label="File",menu=primo_menu)
```

Ora, se eseguiamo il programma, vedremo il menu "File" sulla finestra:

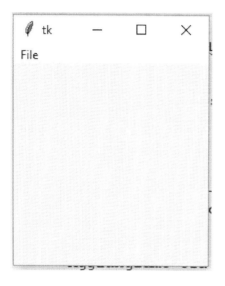

Se premete sul menu "File", apparirà il menu a discesa ancora vuoto, perché mancano gli altri collegamenti.

Aggiungiamo, ad esempio, il menu "Apri...".

from tkinter import *

```
gallina=Tk()
trasparente=Menu(gallina)
gallina.config(menu=trasparente)
primo_menu=Menu(trasparente)
trasparente.add_cascade(label="File",menu=primo_menu)
primo_menu.add_command(label="Apri...")
```

Per aggiungere il comando "Apri...", abbiamo usato l'istruzione **add_command** che tradotta in italiano significa: "aggiungi" (**add**) "un comando" (**command**). Il comando va aggiunto al menu **primo_menu**.

Ora, premendo sul menu "File", si vedrà il sotto menu "Apri...".

Se però premiamo sul menu "Apri..." non succede nulla, perché non abbiamo indicato a Python cosa fare.

Per dare un ordine a Python sul da farsi, dobbiamo aggiungere l'istruzione **command** che richiami una funzione, così come abbiamo fatto quando usavamo il pulsante.

Creiamo quindi una funzione che chiameremo **test**, che farà scrivere la parola "ciao" nel terminate di Python. Ecco le istruzioni per fare questo:

```python
from tkinter import *

def test():
    print ("ciao")


gallina=Tk()
trasparente=Menu(gallina)
gallina.config(menu=trasparente)
primo_menu=Menu(trasparente)
trasparente.add_cascade(label="File",menu=primo_menu)
primo_menu.add_command(label="Apri...",command=test)
```

Se eseguiamo il programma, quando premeremo sul menu "File" e poi sul menu "Apri...", verrà eseguita la funzione **test** che farà scrivere la parola "ciao" sul terminale Python:

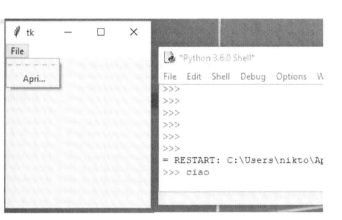

Aggiungiamo un'altra voce al nostro menu, ad esempio aggiungiamo la voce "Esci". Per farlo, useremo ancora l'istruzione **add_command** che serve per aggiungere nuovi comandi al menu.

```
from tkinter import *

def test():
    print ("ciao")
```

```
gallina=Tk()
trasparente=Menu(gallina)
gallina.config(menu=trasparente)
primo_menu=Menu(trasparente)
trasparente.add_cascade(label="File",menu=primo_menu)
primo_menu.add_command(label="Apri...",command=test)
primo_menu.add_command(label="Esci")
```

Se eseguiamo il programma, avremo questo
esito:

Come avete potuto notare, è davvero
semplice aggiungere le voci al menu. E'
chiaro che dobbiamo dare un ordine a

Python, per quando si preme sul menu "Esci", è sufficiente aggiungere un'istruzione **command** che richiami una funzione.

Se però, in questo caso specifico, dobbiamo impostare un'istruzione di uscita dal programma quando si preme sul menu "Esci", possiamo usare l'istruzione **quit** in questo modo:

```
from tkinter import *

def test():
    print ("ciao")

gallina=Tk()
trasparente=Menu(gallina)
gallina.config(menu=trasparente)
primo_menu=Menu(trasparente)
trasparente.add_cascade(label="File",menu=primo_menu)
primo_menu.add_command(label="Apri...",command=test)
primo_menu.add_command(label="Esci",command=quit)
```

Aggiungiamo ora un nuovo menu a discesa

a cui aggiungeremo altre voci. Il prossimo menu a discesa lo chiameremo **impostazioni** e lo dobbiamo aggiungere al menu **trasparente**. Ecco le istruzioni per aggiungerlo:

```
from tkinter import *

def test():
    print ("ciao")

gallina=Tk()
trasparente=Menu(gallina)
gallina.config(menu=trasparente)
primo_menu=Menu(trasparente)
trasparente.add_cascade(label="File",menu=primo_menu)
primo_menu.add_command(label="Apri...",command=test)
primo_menu.add_command(label="Esci",command=quit)
impostazioni=Menu(trasparente)
```

Ora che è stato aggiunto al menu **trasparente,** dobbiamo usare l'istruzione **add_cascade** per aggiungere, fisicamente, il menu a cui faremo visualizzare la parola "Impostazioni":

```python
from tkinter import *

def test():
    print ("ciao")

gallina=Tk()
trasparente=Menu(gallina)
gallina.config(menu=trasparente)
primo_menu=Menu(trasparente)
trasparente.add_cascade(label="File",menu=primo_menu)
primo_menu.add_command(label="Apri...",command=test)
primo_menu.add_command(label="Esci",command=quit)
impostazioni=Menu(trasparente)
trasparente.add_cascade(label="Impostazioni",menu=imp
ostazioni)
```

Come vedete, abbiamo detto a Python che al menu **trasparente** va aggiunto il menu a cascata (menu a discesa) con etichetta "Impostazioni", e che sarà collegato al menu **impostazioni**.

Ecco cosa apparirà:

E' apparso il nuovo menu "Impostazioni", ma non ha voci collegate. Aggiungiamo due voci di menu, che per comodità collegheremo sempre alla funzione **test**:

```
from tkinter import *

def test():
    print ("ciao")

gallina=Tk()
trasparente=Menu(gallina)
```

```
gallina.config(menu=trasparente)
primo_menu=Menu(trasparente)
trasparente.add_cascade(label="File",menu=primo_menu)
primo_menu.add_command(label="Apri...",command=test)
primo_menu.add_command(label="Esci",command=quit)
impostazioni=Menu(trasparente)
trasparente.add_cascade(label="Impostazioni",menu=imp
ostazioni)
impostazioni.add_command(label="Cambia          colore
schermo",command=test)
impostazioni.add_command(label="Cambia          colore
testo",command=test)
```

Le voci vengono aggiunte, con l'istruzione **add_command** al menu **impostazioni**.

Ora aggiungiamo una terza voce.

```
from tkinter import *

def test():
    print ("ciao")

gallina=Tk()
trasparente=Menu(gallina)
gallina.config(menu=trasparente)
```

```
primo_menu=Menu(trasparente)
trasparente.add_cascade(label="File",menu=primo_menu)
primo_menu.add_command(label="Apri...",command=test)
primo_menu.add_command(label="Esci",command=quit)
impostazioni=Menu(trasparente)
trasparente.add_cascade(label="Impostazioni",menu=imp
ostazioni)
impostazioni.add_command(label="Cambia          colore
schermo",command=test)
impostazioni.add_command(label="Cambia          colore
testo",command=test)
impostazioni.add_command(label="Imposta
variabili",command=test)
```

Chiaramente, se avviamo il programma, avremo solo una voce in più. Nulla di speciale.

Dato che le prime due voci trattano i colori, mentre la terza voce che abbiamo aggiunto tratta altri argomenti, potremmo voler dividere in due sezioni questo menu.

Utilizziamo allora l'istruzione **add_separator** che permette di aggiungere una linea di separazione. Questa istruzione la metteremo tra le prime due voci e l'ultima, come mostrato nel listato qui sotto:

```
from tkinter import *

def test():
    print ("ciao")

gallina=Tk()
trasparente=Menu(gallina)
gallina.config(menu=trasparente)
```

```
primo_menu=Menu(trasparente)
trasparente.add_cascade(label="File",menu=primo_menu)
primo_menu.add_command(label="Apri...",command=test)
primo_menu.add_command(label="Esci",command=quit)
impostazioni=Menu(trasparente)
trasparente.add_cascade(label="Impostazioni",menu=imp
ostazioni)
impostazioni.add_command(label="Cambia          colore
schermo",command=test)
impostazioni.add_command(label="Cambia          colore
testo",command=test)
impostazioni.add_separator()
impostazioni.add_command(label="Imposta
variabili",command=test)
```

Ecco che ora il menu è più ordinato e comprensibile:

Vediamo ancora delle istruzioni utili con i menu, ovvero i comandi veloce. Infatti, come molti di voi sapete, per usare la voce "Apri...", possiamo sia premere sul menu "File", quindi sul relativo menu "Apri...", ma in molti software, è anche possibile premere la combinazione di tasti ALT+A, che è più veloce da eseguire. Inoltre, il fatto che sia possibile usare il comando ALT+A, è dato dalla visione di un suggerimento posizionato a fianco della voce "Apri...".

Vediamo come aggiungere questa possibilità.

Per aggiungere un comando veloce, si usano due istruzioni. Una è l'istruzione **accelerator** inserita nell'istruzione in cui si crea la voce, e servirà solo per

far apparire la combinazione di tasti
che è possibile utilizzare. Vediamo
come:

```
from tkinter import *

def test(scelta):
    print ("ciao")

gallina=Tk()
trasparente=Menu(gallina)
gallina.config(menu=trasparente)
primo_menu=Menu(trasparente)
trasparente.add_cascade(label="File",menu=primo_menu)
primo_menu.add_command(label="Apri...",command=test,accelerator="Alt-a")
primo_menu.add_command(label="Esci",command=quit)
impostazioni=Menu(trasparente)
trasparente.add_cascade(label="Impostazioni",menu=impostazioni)
impostazioni.add_command(label="Cambia          colore schermo",command=test)
impostazioni.add_command(label="Cambia          colore testo",command=test)
impostazioni.add_separator()
impostazioni.add_command(label="Imposta variabili",command=test)
```

Questa istruzione appena aggiunta, permette di far visualizzare solo il suggerimento a fianco della voce, come meglio mostrato nella figura sotto:

Ora però dobbiamo far eseguire materialmente l'istruzione.

Useremo l'istruzione **bind** come già fatto per altre istruzioni.

```
from tkinter import *

def test(scelta):
```

```
    print ("ciao")

gallina=Tk()
trasparente=Menu(gallina)
gallina.config(menu=trasparente)
primo_menu=Menu(trasparente)
trasparente.add_cascade(label="File",menu=primo_menu)
primo_menu.add_command(label="Apri...",command=test,a
ccelerator="Alt-a")
primo_menu.add_command(label="Esci",command=quit)
impostazioni=Menu(trasparente)
trasparente.add_cascade(label="Impostazioni",menu=imp
ostazioni)
impostazioni.add_command(label="Cambia        colore
schermo",command=test)
impostazioni.add_command(label="Cambia        colore
testo",command=test)
impostazioni.add_separator()
impostazioni.add_command(label="Imposta
variabili",command=test)
gallina.bind("<Alt-a>",test)
```

ATTENZIONE che ancora il programma non
funziona, perché dobbiamo ricordarci che
quando chiamiamo una funzione attraverso
l'istruzione **bind,** dobbiamo poi inserire
una variabile dentro la funzione

chiamata, che conterrà il testo premuto, come evidenziato sotto:

```
from tkinter import *

def test(scelta):
    print ("ciao")

gallina=Tk()
trasparente=Menu(gallina)
gallina.config(menu=trasparente)
primo_menu=Menu(trasparente)
trasparente.add_cascade(label="File",menu=primo_menu)
primo_menu.add_command(label="Apri...",command=test,a
ccelerator="Alt-a")
primo_menu.add_command(label="Esci",command=quit)
impostazioni=Menu(trasparente)
trasparente.add_cascade(label="Impostazioni",menu=imp
ostazioni)
impostazioni.add_command(label="Cambia          colore
schermo",command=test)
impostazioni.add_command(label="Cambia          colore
testo",command=test)
impostazioni.add_separator()
impostazioni.add_command(label="Imposta
variabili",command=test)
gallina.bind("<Alt-a>",test)
```

Ora, se premete la combinazione di tasti **Alt + A**, verrà eseguita la funzione **test**.

Ora che avete a disposizione numerosi componenti (widget) da utilizzare per i vostri software, torniamo al modo di impacchettare i vari componenti (widget) alla finestra.

Fino ad ora abbiamo usato l'istruzione **pack** in modo semplificato, senza aggiungere sue opzioni possibili.

Vediamone qualcuna, magari inserendo due pulsanti nella finestra.

```python
from tkinter import *

gallina=Tk()
tasto1=Button(gallina,text="TASTO UNO")
tasto1.pack()
tasto32=Button(gallina,text="TASTO TRENTADUE")
```

tasto32.pack()

Qui abbiamo inserito due pulsanti, che non faranno nulla, se premuti, ma a noi non interessa programmarli, ma disporli all'interno della finestra.

Usando l'istruzione **pack()** senza opzioni all'interno, la finestra verrà visualizzata così:

Il primo pulsante viene centrato in alto, e il secondo pulsante viene centrato subito sotto.
I due pulsanti sono però diversi di dimensioni, perché all'interno hanno frasi diverse.
Adattiamoli entrambi alla larghezza

della finestra usando l'opzione **fill**, che significa: "riempi" (**fill**), e come comando gli diamo la lettera **X** che significa, "sull'asse x" (**x**), cioè riempi orizzontalmente.

```
from tkinter import *

gallina=Tk()
tasto1=Button(gallina,text="TASTO UNO")
tasto1.pack(fill=X)
tasto32=Button(gallina,text="TASTO TRENTADUE")
tasto32.pack(fill=X)
```

E questo è ciò che accade:

Ora la grafica della finestra è più ordinata.

Volendo potevamo riempire sull'asse Y,

cioè sull'asse verticale, ma non era questo il caso.

Peraltro, dato che non abbiamo impostato una dimensione di finestra, la finestra si adatta al componente (widget) più grande che contiene.

Se invece vogliamo posizionare i pulsanti uno a fianco all'altro, possiamo usare l'opzione **side**, che significa "lato", e indicargli se vogliamo affiancarli al lato destro (RIGHT) o sinistro (LEFT).

```python
from tkinter import *

gallina=Tk()
tasto1=Button(gallina,text="TASTO UNO")
tasto1.pack(side=LEFT)
tasto32=Button(gallina,text="TASTO TRENTADUE")
tasto32.pack(side=LEFT)
```

In questo caso ho affiancato i pulsanti sul lato sinistro. Anche se li avessi affiancato sul lato destro, avrei ottenuto lo stesso risultato, perché la finestra si adatta ai componenti contenuti al suo interno.

Le cose cambiano, se avessi impostato una dimensione particolare della finestra, infatti, se ad esempio creo la finestra **gallina** di dimensioni 300 pixel di larghezza e 300 pixel di altezza, avrei questa visualizzazione:

```python
from tkinter import *

gallina=Tk()
gallina.geometry("300x300")
tasto1=Button(gallina,text="TASTO UNO")
tasto1.pack(side=LEFT)
```

```
tasto32=Button(gallina,text="TASTO TRENTADUE")
tasto32.pack(side=LEFT)
```

Ecco come appare la finestra e la disposizione dei pulsanti:

I due pulsanti sono stati centrati verticalmente, ma sono stati posizionati tutti e due a sinistra. Se invece volessi lasciare il primo pulsante a sinistra mentre il secondo lo volessi posizionare a destra, mi è sufficiente cambiare solo l'opzione del **pack()** del secondo pulsante con **side=RIGHT:**

```
from tkinter import *

gallina=Tk()
gallina.geometry("300x300")
tasto1=Button(gallina,text="TASTO UNO")
tasto1.pack(side=LEFT)
tasto32=Button(gallina,text="TASTO TRENTADUE")
tasto32.pack(side=RIGHT)
```

E questo è quello che appare:

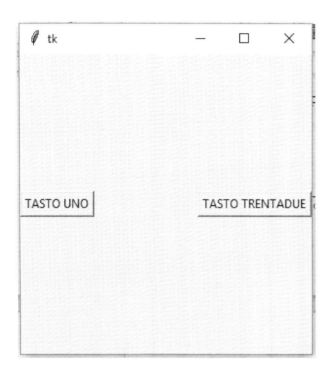

Ricordate che potete anche aggiungere più opzioni all'istruzione **pack,** come ad esempio mostrato sotto, in cui ho aggiunto l'opzione **fill** sull'asse **Y,** cioè l'espansione dei pulsanti sull'asse verticale:

```python
from tkinter import *

gallina=Tk()
gallina.geometry("300x300")
tasto1=Button(gallina,text="TASTO UNO")
tasto1.pack(side=LEFT,fill=Y)
tasto32=Button(gallina,text="TASTO TRENTADUE")
tasto32.pack(side=RIGHT,fill=Y)
```

E questo è quello che succederà alla nostra finestra e componenti:

Ma fortunatamente, l'istruzione **pack()** non è l'unica istruzione utilizzabile per "impacchettare" i nostri componenti (widget). Di fatti, come avete visto, è poco pratica, e non ci dà molte possibilità di disegnare i nostri componenti (widget) come preferiamo.

Esiste anche l'istruzione **grid()** che può essere usata al posto del **pack()**.

Sostituiamo, al programma precedente, l'istruzione **pack()** con l'istruzione **grid()**

```
from tkinter import *

gallina=Tk()
gallina.geometry("300x300")
tasto1=Button(gallina,text="TASTO UNO")
tasto1.grid()
tasto32=Button(gallina,text="TASTO TRENTADUE")
tasto32.grid()
```

E questo è quello che verrà visualizzato:

In questo caso i pulsanti sono stati posizionati partendo dal margine sinistro.

Con l'istruzione **grid()** possiamo usare l'opzione **row** che significa "riga", per indicare su quale riga posizionare il componente.

La dimensione della riga non importa, dato che sarà Tkinter a determinarne la dimensione in base ai componenti che ci aggiungeremo.

Proviamo ad aggiungere l'opzione **row** al programma:

```
from tkinter import *

gallina=Tk()
gallina.geometry("300x300")
tasto1=Button(gallina,text="TASTO UNO")
tasto1.grid(row=0)
tasto32=Button(gallina,text="TASTO TRENTADUE")
tasto32.grid(row=1)
```

Nell'esempio sopra abbiamo impostato che il pulsante uno deve essere posizionato sulla riga 0, mentre il secondo pulsante deve essere posizionato sulla riga 1, cioè quella successiva.

Eseguendo il programma, non cambierà nulla rispetto a prima:

Ma se dovessimo impostare per entrambi i pulsanti, la riga 0, avremmo una sovrapposizione dei pulsanti.

from tkinter import *

gallina=Tk()
gallina.geometry("300x300")
tasto1=Button(gallina,text="TASTO UNO")

```
tasto1.grid(row=0)
tasto32=Button(gallina,text="TASTO TRENTADUE")
tasto32.grid(row=0)
```

Infatti avremo questa visualizzazione:

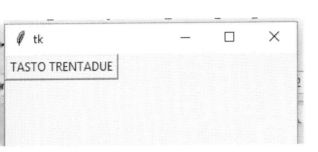

In pratica, il secondo pulsante è stato posizionato sopra il primo, nascondendolo alla nostra vista.

In questo caso possiamo aggiungere, al solo secondo pulsante, l'opzione **column**, che significa "colonna". Infatti, l'istruzione **grid()** prevede sia righe che colonne, un po' come fanno i fogli di calcolo che hanno righe e colonne.

Sarà sempre Tkinter a disporre correttamente i componenti sulle righe, in base alla grandezza dei componenti usati.

```
from tkinter import *

gallina=Tk()
gallina.geometry("300x300")
tasto1=Button(gallina,text="TASTO UNO")
tasto1.grid(row=0)
tasto32=Button(gallina,text="TASTO TRENTADUE")
tasto32.grid(row=0,column=1)
```

Ed ecco come appare la finestra e i componenti:

I due pulsanti sono stati posizionati uno a fianco all'altro, perché per Tkinter, entrambi sono posizionati sulla riga 0, ma su colonne diverse, ovvero il primo pulsante sulla colonna 0, mentre il secondo pulsante sulla colonna 1. E' chiaro che solo con due componenti non si apprezza la comodità di queste istruzioni.

Proviamo a fare un esempio diverso:

```
from tkinter import *

gallina=Tk()
gallina.geometry("300x300")
e_cognome=Label(gallina,text="Cognome:")
e_cognome.grid(row=0)
t_cognome=Entry(gallina)
t_cognome.grid(row=0,column=1)
e_nome=Label(gallina,text="Nome:")
e_nome.grid(row=1)
t_nome=Entry(gallina)
t_nome.grid(row=1,column=1)
```

In questo esempio ho creato un'etichetta sulla riga 0 che chiede il cognome, e sempre sulla riga 0 ma colonna 1, ho messo la casella di testo per ricevere il cognome digitato dall'utente.

Sulla riga 1 invece ho messo l'etichetta per chiedere il nome, e sulla colonna 1 della riga 1, ho messo la relativa casella di testo per ricevere il nome dall'utente.

Tutto verrà adattato automaticamente a righe e colonne. Eccolo mostrato:

Nonostante le etichette contengono

parole di dimensioni diverse, Tkinter ha adattato alla parola più lunga (cioè cognome) la larghezza della colonna.

Passiamo ora a vedere come usare alcune finestre di sistema, per messaggi da dare agli utenti durante l'esecuzione di alcuni comandi.

Partiamo da un programma di base in cui viene aperta una finestra con un pulsante.

```
from tkinter import *

gallina=Tk()
tasto=Button(gallina,text="PREMI QUI")
tasto.grid()
```

Se eseguiamo il programma, avremo semplicemente questo:

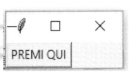

Ora programmiamo il pulsante, in modo che venga eseguita la funzione **test** che realizziamo e in cui mettiamo l'istruzione **pass** che non farà fare nulla, in quanto **pass** significa "passa", cioè vai avanti.

```python
from tkinter import *

def test():
    pass

gallina=Tk()
tasto=Button(gallina,text="PREMI QUI",command=test)
tasto.grid()
```

Ipotizziamo che dopo aver premuto il pulsante, dobbiamo far apparire un messaggio in cui diciamo all'utente di accendere la stampante. Per fare questo possiamo usare delle istruzioni specifiche, contenuto dentro Tkinter, che dobbiamo importare ad inizio programma attraverso l'istruzione **from tkinter import messagebox,** che significa "da tkinter importa le itruzioni chiamate messagebox". In particolare **messagebox** è una parola composta da **message,** cioè messaggio e da **box** che significa contenitore. Quindi il **messagebox** è un contenitore di messaggi.

```python
from tkinter import *
from tkinter import messagebox

def test():
    pass

gallina=Tk()
tasto=Button(gallina,text="PREMI QUI",command=test)
tasto.grid()
```

Ora che abbiamo importato le istruzioni **messagebox** possiamo usarle.

Dentro la funzione **test,** inseriamo un'istruzione che farà apparire un messaggio per l'utente:

```
from tkinter import *
from tkinter import messagebox

def test():
      messagebox.showinfo("Attenzione","Ricorda di
accendere la stampante")

gallina=Tk()
tasto=Button(gallina,text="PREMI QUI",command=test)
tasto.grid()
```

Questa nuova istruzione, utilizza il **messagebox,** che a sua volta contiene altre opzioni, una di queste è **showinfo,** che è una parola composta da **show** che significa "mostra", e da **info** che significa "informazioni". In pratica **showinfo** significa "mostra informazioni", e questo tipo di istruzione va usato per mostrare informazioni utili all'utente. Questa istruzione prevede due stringhe, cioè due testi distinti, di cui il primo è il titolo che va messo nella barra del titolo, e il testo vero e proprio, che va messo nella finestra informativa.

Eseguiamo il programma e poi premiamo sul pulsante, ecco cosa appare:

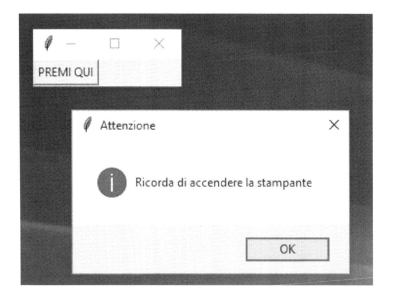

Vedete che la finestra di avviso, presenta un'icona con la lettera "i", che significa appunto "informazione".

Tra le finestre del **messagebox** c'è anche la finestra **showwarning** che è una parola composta da **show** che significa "mostra", e da **warning** che significa "attenzione". Questo tipo di finestra infatti va usata per segnalare all'utente eventuali problemi.

```python
from tkinter import *
from tkinter import messagebox

def test():
        messagebox.showwarning("Problema","Compila il
campo email")

gallina=Tk()
tasto=Button(gallina,text="PREMI QUI",command=test)
tasto.grid()
```

E questo è quello che appare se premiamo il pulsante:

Anche in questo caso è cambiata l'icòna, che chiaramente mostra un segnale di attenzione.

Altra finestra utile è la **showerror** che è composta dalla parola **show** che significa "mostra" e dalla parola **error** che significa "errore". Questo tipo di finestra va mostrata per segnalare un grave problema o errore.

```python
from tkinter import *
from tkinter import messagebox

def test():
    messagebox.showerror("Errore","Non trovo il file")

gallina=Tk()
tasto=Button(gallina,text="PREMI QUI",command=test)
tasto.grid()
```

Ed ecco cosa appare all'utente:

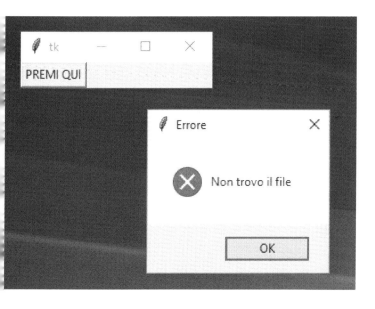

Anche qui, l'icòna è chiara, perché

mostra una X su sfondo rosso, indicando un grave problema.

Ora vediamo un altro tipo di finestra di sistema che però porge una domanda. In questo caso useremo la finestra **askyesno** che è una parola composta da **ask** che significa "chiedi", da **yes** che significa "sì" e da **no** che significa "no". Quindi questa finestra **askyesno** può essere tradotta con "ti chiedo di rispondere si o no".

```python
from tkinter import *
from tkinter import messagebox

def test():
    messagebox.askyesno("Domanda","Vuoi inviare email?")

gallina=Tk()
tasto=Button(gallina,text="PREMI QUI",command=test)
tasto.grid()
```

Se eseguiamo il programma, funzionerà a metà, cioè mostrerà il messaggio in modo corretto, ma la risposta non potrà essere elaborata.

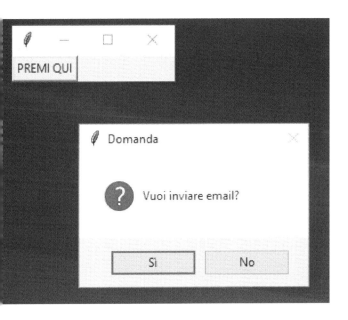

Per poter elaborare la risposta, dobbiamo inserire in una variabile. Inserisco ora la risposta nella variabile **scatola**, e poi faccio scrivere la risposta dell'utente nel terminate di Python:

```
from tkinter import *
from tkinter import messagebox
```

```
def test():
        scatola=messagebox.askyesno("Domanda","Vuoi
inviare email?")
    print (scatola)


gallina=Tk()
tasto=Button(gallina,text="PREMI QUI",command=test)
tasto.grid()
```

Eseguendo il programma, e rispondendo su Si, ecco cosa accade:

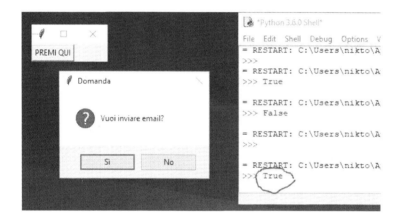

Nel terminale di Python viene scritta la parola **True** che significa "Vero" e che equivale a "Si". Se invece avessimo premuto sul no, sul terminale Python avrebbe scritto "False", che significa

"Falso" e che equivale a "No".

Volendo possiamo usare **askquestion** che mostra una finestra identica a quella appena imparata, ma che come risposta, nel terminale, darà "yes" anzinchè "True", oppure "no" anziché "False".

Possiamo usare anche **askokcancel** composta dalle parole **ask** che significa "chiedi", da **ok** che significa "ok" e da **cancel** che significa "cancella". Questa istruzione mostrerà una finestra con i pulsanti "OK" e "ANNULLA" che daranno rispettivamente le risposte "True" o "False".

Vediamo ora un componente che ho voluto lasciare alla fine, e che è il componente **Text**, che permette all'utente di inserire del testo.
Avevamo già imparato il componente

Entry, che permetteva di inserire del testo da parte dell'utente, ma quel componente era utile per l'inserimento di testi brevi.

Se si volesse dare la possibilità all'utente di inserire tanto testo, o magari di creare un editor di testo, si deve usare il componente **Text.**

Il modo per inserirlo nel programma è identico a quello degli altri componenti.

Inseriamolo:

```
from tkinter import *

gallina=Tk()
testo=Text(gallina)
testo.pack()
```

Quando avviamo il programma, apparirà la seguente finestra:

In pratica abbiamo una specie di notepad, cioè di blocco notes dove poter scrivere quello che vogliamo.

Possiamo impostare un determinato tipo di font da utilizzare, in questo modo:

```
from tkinter import *

gallina=Tk()
testo=Text(gallina,font="Courier")
testo.pack()
```

Possiamo, ad esempio, cambiare il colore del cursore lampeggiante, e quindi del colore di evidenziazione del testo, con l'istruzione **insertbackgroud** che significa "sfondo di inserimento testo".

```
from tkinter import *

gallina=Tk()
testo=Text(gallina,font="Courier",insertbackground="#0000FF")
testo.pack()
```

Il colore può essere indicato in esadecimale, come nell'esempio sopra, o con i nomi di colore. Ecco cosa accade se evidenziamo il testo:

Possiamo anche modificare il cursore lampeggiante, decidendo le sue dimensioni attraverso l'istruzione **insertwidth** che potremmo tradurre come "dimensioni inseritore".

Nel caso sotto imposto il cursore a dimensione 10 pixel:

```
from tkinter import *

gallina=Tk()
testo=Text(gallina,font="Courier",insertwidth="10")
testo.pack()
```

Ecco come appare il cursore:

```
✎ tk
il cursore è più spesso█
```

Possiamo modificare i colori di sfondo, di carattere, le dimensioni del carattere, ecc... come abbiamo visto per altri componenti.

Quando abbiamo scritto del testo, è possibile che poi dobbiamo elaborarlo, quindi come fare per sapere cos'ha scritto l'utente nel componente **Text**?

Proviamo ad inserire un pulsante che richiama la funzione **test**:

```
from tkinter import *
```

```
def test():
```

```
    pass

gallina=Tk()
testo=Text(gallina,font="Courier",insertwidth="10")
testo.pack()
tasto=Button(gallina,text="PREMI QUI",command=test)
tasto.pack()
```

La finestra avrà il pulsante posizionato sotto il componente **Text**:

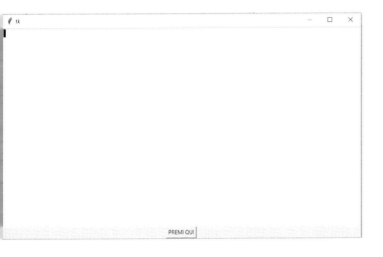

Ora facciamo in modo che tutto quello che è stato scritto, venga inserito in una variabile che chiamerò **messaggio**, e poi venga scritto nel terminale di Python:

```
from tkinter import *

def test():
    messaggio=testo.get(0.0,END)
    print (messaggio)

gallina=Tk()
testo=Text(gallina,font="Courier",insertwidth="10")
testo.pack()
tasto=Button(gallina,text="PREMI QUI",command=test)
tasto.pack()
```

Ecco cosa accade se premo il pulsante,
dopo aver scritto del testo:

Terminiamo questo libro, spiegando come salvare e poi ricaricare il testo sul computer.

Nella funzione **test** togliamo l'istruzione **print**, dato che non ci interessa più scrivere il testo nel terminale, ma inseriamo le istruzioni per salvare il file:

```
from tkinter import *

def test():
    messaggio=testo.get(0.0,END)
    f=open("provola.txt","w")
    f.write(messaggio)
    f.close()

gallina=Tk()
testo=Text(gallina,font="Courier",insertwidth="10")
testo.pack()
tasto=Button(gallina,text="PREMI QUI",command=test)
tasto.pack()
```

Ho usato la variabile **f** per contenere la gestione del salvataggio file. Ho poi indicato come nome di file, il file "provola.txt", che conterrà materialmente il testo che avremo digitato.

Poi ho impostato la modalità "**w**" che equivale a "write", cioè a "scrivi", infatti stiamo aprendo un file in scrittura, dove memorizzare ciò che abbiamo appena scritto.

Nell'istruzione **f.write(messaggio)** scriveremo materialmente sull'hard disk il testo da salvare.

Con **f.close()** invece chiuderemo il flusso di dati di salvataggio.

Nel nome di file dobbiamo però indicare in quale cartella salvare il file. Fate attenzione che su Windows, ad esempio, alcune cartelle non permettono di scriverci file.

Aggiungete il percorso di file con la cartella dove memorizzare il file. Se ad esempio dobbiamo salvare il file nella cartella "c:\documenti\" dovremo scrivere:

```
from tkinter import *

def test():
    messaggio=testo.get(0.0,END)
    f=open("c:\documenti\provola.txt","w")
    f.write(messaggio)
    f.close()

gallina=Tk()
testo=Text(gallina,font="Courier",insertwidth="10")
testo.pack()
tasto=Button(gallina,text="PREMI QUI",command=test)
tasto.pack()
```

Ma se volete permettere all'utente di salvare il file nella stessa cartella in cui si trova in quel momento, o meglio, nella stessa cartella in cui si trova il programma che gli avete dato, allora usiamo un'istruzione di sistema che rileva la cartella dove ci troviamo adesso.

Per poter usare questo tipo di istruzioni, dobbiamo importare il modulo **os** che è un modulo che importa istruzioni di sistema, infatti **os** è la sigla di "operative" "system", cioè "sistema operativo".

Dopo che abbiamo importato questo tipo di istruzioni, possiamo inserire in una variabile la cartella in cui ci troviamo con l'istruzione:

cartella=os.getcwd()

Quindi, dentro la variabile cartella, verrà inserito solo il percorso della cartella dove ci troviamo. Noi ci aggiungeremo solo il nome del file.

Ecco il programma modificato:

```python
from tkinter import *
import os

def test():
    messaggio=testo.get(0.0,END)
    cartella=os.getcwd()
    f=open(cartella + "\provola.txt","w")
    f.write(messaggio)
    f.close()


gallina=Tk()
testo=Text(gallina,font="Courier",insertwidth="10")
testo.pack()
tasto=Button(gallina,text="PREMI QUI",command=test)
tasto.pack()
```

Se ora avviate il programma, potete scrivere quello che volete, poi, quando premerete sul pulsante, il testo verrà salvato nel file "provola.txt", e troverete questo file nella stessa cartella da cui avete caricato il programma.

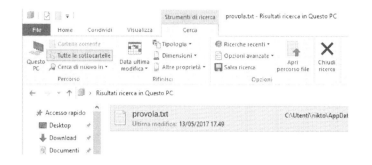

Se provate ad aprire quel file con uno editor di testi, ci troverete il testo da voi scritto:

provola.txt - Blocco note

File   Modifica   Formato   Visualizza   ?

provo a scrivere
ma non so è così difficile
scrivere bene

Ora, creiamo un altro pulsante che ci permetterà di ricaricare il file.

```python
from tkinter import *
import os

def test():
    messaggio=testo.get(0.0,END)
```

```
    cartella=os.getcwd()
    f=open(cartella + "\provola.txt","w")
    f.write(messaggio)
    f.close()


gallina=Tk()
testo=Text(gallina,font="Courier",insertwidth="10")
testo.pack()
tasto=Button(gallina,text="PREMI QUI",command=test)
tasto.pack()
tasto2=Button(gallina,text="APRI
FILE",command=apri)
tasto2.pack()
```

Ho previsto, con il nuovo pulsante, di richiamare la funzione **apri** che devo ancora realizzare.

Creiamola:

```
from tkinter import *
import os

def test():
    messaggio=testo.get(0.0,END)
    cartella=os.getcwd()
```

```python
    f=open(cartella + "\provola.txt","w")
    f.write(messaggio)
    f.close()


def apri():
    cartella=os.getcwd()
    f=open(cartella + "\provola.txt","r")
    messaggio=f.read()
    f.close()
    testo.insert("1.0",messaggio)


gallina=Tk()
testo=Text(gallina,font="Courier",insertwidth="10")
testo.pack()
tasto=Button(gallina,text="PREMI QUI",command=test)
tasto.pack()
tasto2=Button(gallina,text="APRI
FILE",command=apri)
tasto2.pack()
```

Nella funzione **apri,** ho inserito nella variabile **cartella** il percorso di sistema in cui mi trovo, poi ho aperto un flusso per la lettura del file, impostando la cartella appena letta, attaccandogli il nome di file "provola.txt", e usando l'opzione "r" che indica "read", cioè "lettura". Infatti ora leggeremo il file e non lo dovremo scrivere.

Il testo presente nel file viene memorizzato nella variabile **messaggio**.

Infine chiudiamo il flusso dati con **f.close()**, e poi grazie all'istruzione **insert**, scriveremo il testo appena letto, nel componente **testo**.

Nell'istruzione **insert** abbiamo indicato "0.1", cioè all'inizio del testo. Questo significa che se avessimo il componente **Text** con del testo già scritto, e poi premiamo sul pulsante per aprire il file, avremo il testo del file letto, all'inizio del componente.

CONCLUSIONE

So bene che Tkinter è molto più complesso e potente di quanto spiegato in questo libro, ma è anche vero che con quello che trovate spiegato in questo libro e quello che ho già spiegato nel primo libro "Il mio modo di spiegare il linguaggio...Python", sono stato in grado di creare molti software, tra cui LungoApp che trovate su uno dei miei siti: http://lungoapp.weebly.com/ in cui è possibile scaricare uno pseudo linguaggio di programmazione, in italiano, realizzato inizialmente con Python e poi trasferito al linguaggio Visual Studio di Microsoft.

Il progetto l'ho ormai abbandonato, ma potete scrutarlo per scoprire quante cose siano possibili da realizzare con il fantastico linguaggio Python, anche solo da un autodidatta come me.

Come amo ricordare sempre, quando parlo di linguaggi di programmazione: "il computer è una scatola vuota che noi rendiamo intelligente"

Printed in Poland
by Amazon Fulfillment
Poland Sp. z o.o., Wrocław

26543032R00131